INAE

INSTITUTO NACIONAL DE ALTOS ESTUDOS

XVI FÓRUM NACIONAL

Economia do Conhecimento, Crescimento Sustentado e Inclusão Social

Rio de Janeiro, 17 - 20 de maio de 2004

PATROCÍNIO

GRANDES BENEMÉRITOS

ipea Instituto de Pesquisa Econômica Aplicada

BID Banco Interamericano de Desenvolvimento

BNDES O Banco do Desenvolvimento

FINEP Financiadora de Estudos e Projetos Ministério da Ciência e Tecnologia APOIO DO FNDCT

Banco do Brasil

BR Petrobras

CAIXA Caixa Econômica Federal Brasil Um País de Todos Governo Federal

Banco do Nordeste

SEBRAE

Correios

Telefónica

ODEBRECHT

EMBRAER

Companhia Vale do Rio Doce

TELEMAR

Bradesco

IBMEC Mercado de Capitais

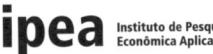

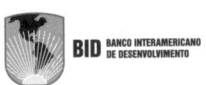

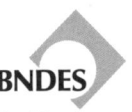

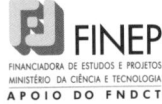

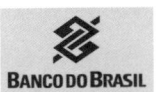

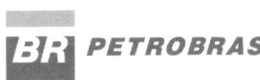

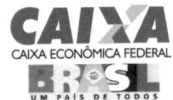

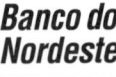

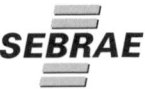

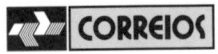

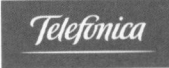

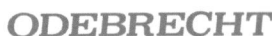

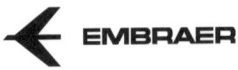

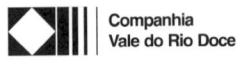

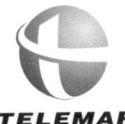

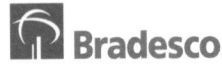

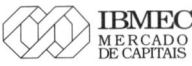

PATROCINADORES ESPECIAIS

CNI

FIRJAN CIRJ SESI SENAI IEL

FIESP

gradiente

ULTRA

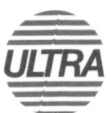

Agradecimento: PREVI

INSTITUTO NACIONAL DE ALTOS ESTUDOS - INAE
RUA SETE DE SETEMBRO, 71 - 8º ANDAR - CENTRO - CEP: 20050-005 - RIO DE JANEIRO / RJ
TEL.: (21) 2507-7212 - FAX: 2232-1667 - e-mail: inae@inae.org.br - site: www.inae.org.br

Novo Modelo de
Educação
para **o Brasil**

João Paulo dos Reis Velloso e
Roberto Cavalcanti de Albuquerque
(organizadores)

Tarso Genro • Francisco das Chagas Fernandes • Antonio Ibañez Ruiz • Nelson Maculan • Claudio de Moura Castro • João Batista Araujo e Oliveira • Edson Nunes e Leandro Molhano Ribeiro

Novo Modelo de Educação *para* o Brasil

JOSÉ OLYMPIO
EDITORA

© *João Paulo dos Reis Velloso, Roberto Cavalcanti de Albuquerque, Tarso Genro, Francisco das Chagas Fernandes, Antonio Ibañez Ruiz, Nelson Maculan, Claudio de Moura Castro, João Batista Araujo e Oliveira, Edson Nunes, Leandro Molhano Ribeiro, 2004*

Reservam-se os direitos desta edição à
EDITORA JOSÉ OLYMPIO LTDA.
Rua Argentina, 171 – 1º andar – São Cristóvão
20921-380 – Rio de Janeiro, RJ – República Federativa do Brasil
Tel.: (21) 2585-2060   Fax: (21) 2585-2086
Printed in Brazil / Impresso no Brasil

Atendemos pelo Reembolso Postal

ISBN 85-03-00834-3

Capa: LUCIANA MELLO E MONIKA MAYER

CIP-Brasil. Catalogação-na-fonte
Sindicato Nacional dos Editores de Livros, RJ.

N843   Novo modelo de educação para o Brasil / João Paulo dos Reis Velloso, Roberto Cavalcanti de Albuquerque, organizadores; Tarso Genro... [et al.]. – Rio de Janeiro: José Olympio, 2004.

Trabalhos apresentados no Fórum Nacional
ISBN 85-03-00834-3

1. Educação – Brasil. 2. Educação e Estado – Brasil. I. Velloso, João Paulo dos Reis, 1931- . II. Albuquerque, Roberto Cavalcanti de, 1939-.

04-2126
CDD – 370.981
CDU – 37(81)

SUMÁRIO

INTRODUÇÃO: Educação e desenvolvimento: a revisão do modelo
João Paulo dos Reis Velloso   7

NOVO MODELO DE EDUCAÇÃO PARA O BRASIL

PRIMEIRA PARTE
NOVO MODELO DE EDUCAÇÃO PARA O BRASIL

A agenda em educação no Brasil
Tarso Genro   37

A nova política de educação fundamental
Francisco das Chagas Fernandes   55

A política de educação média e tecnológica
Antonio Ibañez Ruiz   71

Reforma e reinstitucionalização da universidade
Nelson Maculan   91

SEGUNDA PARTE
O MODELO EM DEBATE

Há novos rumos para a educação no Brasil?
Claudio de Moura Castro   105

Planos para a educação: comentários
João Batista Araujo e Oliveira   121

A outra reforma universitária: para a sociedade do conhecimento
Edson Nunes e Leandro Molhano Ribeiro   133

INTRODUÇÃO
Educação e desenvolvimento: a revisão do modelo
*João Paulo dos Reis Velloso**

---

*Coordenador-geral do Fórum Nacional (INAE), presidente do IBMEC — Mercado de Capitais, professor da EPGE (FGV). Ex-ministro do Planejamento.

COLOCAÇÃO INICIAL: EDUCAÇÃO, DESENVOLVIMENTO E ECONOMIA DO CONHECIMENTO

Em 1998, o Fórum Nacional realizou um Seminário Especial sobre o modelo de educação proposto à sociedade brasileira pelo governo passado. Na forma do combinado, compareceram ao evento o então ministro da Educação, Paulo Renato de Souza, que já estava empenhado em reconstruir a educação brasileira a partir da base (ensino fundamental) e apresentou o seu modelo. Sua apresentação foi complementada pela da presidente do INEP e de todos os secretários do MEC. Do seminário resultou um livro importante.[1] Dos mais importantes já publicados pelo Fórum.

De igual importância é o livro agora lançado, como resultado de um dos painéis do XVI Fórum Nacional, realizado em maio último,[2] e cujo tema básico, convém lembrar, foi "Economia do conhecimento, crescimento e inclusão social".

A sugestão que fizemos ao ministro Tarso Genro, da Educação, foi que ele apresentasse, no painel referido, sua proposta de revisão do modelo de educação, acompanhado por todos os secretários do MEC (inclusive Ricardo Henriques, que, por razão de força maior, não chegou a entregar seu texto). O resultado é o presente volume,

---

[1] Ver o livro do Fórum Nacional *Um modelo de educação para o século XXI* (coordenadores: João Paulo dos Reis Velloso e Roberto Cavalcanti de Albuquerque), Editora José Olympio, Rio de Janeiro: 1999.
[2] O material relativo ao XVI Fórum, com exceção do que agora se publica, está no livro *Economia do Conhecimento, crescimento e inclusão social*, Editora José Olympio, recentemente lançado.

que permite muito bem tomar conhecimento das transformações que estão ocorrendo na área de educação, no Brasil, sob a orientação do atual governo.

Na oportunidade, cabe ressaltar a importância de situar a educação no quadro maior da Política de Desenvolvimento Social. E, de forma mais ampla ainda, no contexto da Política de Desenvolvimento. Desenvolvimento em visão global: como dizemos no Fórum, ou o desenvolvimento abrange suas várias dimensões (econômica, social, política, cultural etc.), ou ele não existe. Particularmente a dimensão de valores: num mundo com tendência à globalização, e os riscos inerentes a suas assimetrias e exclusões, o Estado e a sociedade precisam de valores — valores humanistas —, que vamos pedir, em particular, à educação que está tendo o povo brasileiro.

A fim de proporcionar uma perspectiva histórica, vale referir que, no dia 9 de setembro, teve lugar um Mini-Fórum Nacional (um dia, apenas), em que o primeiro painel foi sobre "Cinco décadas de questão social no Brasil — 1950/2000".

Nesse painel, o primeiro *paper*[3] apresentou uma análise da evolução do desenvolvimento social no país, através de novos indicadores, notadamente nas décadas de 1970 para cá. Se considerarmos um desses novos indicadores, o Índice de Desenvolvimento Social (IDS), é possível colocar algumas questões como: o período de crescimento rápido, de 1950 a 1980, trouxe também grande desenvolvimento social? A resposta é positiva: o IDS, na década de 1970, apresentou o maior crescimento do período 1970/2000 (e o componente educação também cresceu rapidamente: 2,8% ao ano).

Outra questão: as "décadas perdidas" (para o crescimento) foram também perdidas para o desenvolvimento social? A resposta é negativa: o IDS cresceu razoavelmente nos anos 1980 e um pouquinho nos anos 1990. O componente educação saiu-se melhor ainda: crescimento de 3,4% e 1,5% ao ano, respectivamente.

---

[3]*Paper* de Roberto Cavalcanti de Albuquerque, "A questão social no Brasil — um balanço do século XX", constante de livro a ser brevemente lançado pelo Fórum.

Gostaria de terminar estas considerações preliminares lembrando que o Brasil está sendo, na verdade, *desafiado* a evoluir para a economia do conhecimento, porque os nossos competidores mais próximos, como China e Índia, já têm programas de fazer a transição para aquele novo estágio do desenvolvimento (sem falar na Coréia, que já chegou lá).

É auspicioso notar que o próprio presidente Lula reconheceu essa necessidade de nos prepararmos para a economia do conhecimento (que tem como uma das pernas do seu tripé a educação).[4] O mesmo reconhecimento está nas apresentações do ministro Tarso Genro e de seus colaboradores, como veremos.

O que está faltando é governo e sociedade tomarem a iniciativa de lançar as bases de um programa efetivo de transição para a economia do conhecimento. Esse tema será discutido em painel específico do XVII Fórum Nacional, em maio de 2005.

A REVISÃO DO MODELO DE EDUCAÇÃO PROPOSTA PELO ATUAL GOVERNO

O pronunciamento do ministro Tarso Genro ("A agenda em educação no Brasil") partiu da seguinte, relevante, colocação geral: "O sistema educacional brasileiro deve ser um dos mais importantes instrumentos da promoção do desenvolvimento com igualdade em nosso país. Hoje, ele ainda não atende *com qualidade* à exigência de democratização (grifos nossos). As desigualdades marcam os sistemas de ensino, desigualdades regionais, sociais, étnicas, que parecem perpetuar, por meio da educação, a desigualdade da sociedade brasileira. O ensino fundamental atinge a mais de 96% de nossas crianças, mas sua qualidade está abaixo do necessário. O ensino médio é restritivo e carece de resolução. O ensino técnico e profissional ainda

---

[4] Ver o pronunciamento inaugural do presidente Luiz Inácio Lula da Silva na sessão de abertura do referido XVI Fórum Nacional, com o título "Economia do conhecimento, crescimento e inclusão social: a estratégia global de desenvolvimento do Brasil" (livro citado).

não está ao alcance da grande maioria dos jovens que dele devem se beneficiar. O sistema de ensino superior conta com ampliação de oferta sem garantia de qualidade e, nele, o sistema federal, embora dotado de grande competência, enfrenta restrições imensas, tanto de financiamento quanto de autonomia".

E a conclusão: esse "diagnóstico da educação brasileira aponta a urgente necessidade de renovação da agenda e de ampliação do empenho, de toda a sociedade e dos governos, para superar suas limitações evidentes e amplamente identificadas".

Segundo o ministro, o MEC organiza sua estratégia de ação a partir de quatro eixos principais:

- "Em primeiro lugar, estabelecimento de um pacto de qualidade pelo ensino básico associado a uma redefinição do seu financiamento".
- "A articulação entre inclusão educacional e alfabetização define uma abordagem prioritária de superação do elevado passivo histórico em termos de desigualdade educacional".
- "A educação profissional e tecnológica assume novo papel diante dos parâmetros da sociedade do conhecimento".
- "A Reforma do Ensino Superior apresenta-se como reordenadora dos campos de produção do saber e definição dos marcos de um processo de desenvolvimento sustentável".

Tais eixos "são articulados e se combinam num círculo virtuoso de transformação". São complementados pela concepção da educação "como um sistema", em dois sentidos: a articulação entre os sucessivos níveis de ensino (fundamental, médio e superior); e a "distribuição das responsabilidades constitucionais" entre os governos federal, estadual e municipal.

A partir daí, são definidas as dimensões do modelo de educação a ser construído, através de diálogo com a sociedade.

Em primeiro lugar, *educação básica de qualidade*, com ênfase em:

- Condução do ensino básico, no Brasil, a partir de uma "inflexão no sentido da elevação de sua qualidade", enfrentando, "para além do acesso à escola, (...) as dimensões de permanência, repetência, abandono, evasão e déficits de aprendizagem".

"No ensino fundamental, de cada 100 alunos que o iniciam, apenas 51 concluem a 8ª série. Cerca de 60% das crianças que concluem a 4ª série não sabem ler corretamente."
"Quando consideramos o ensino médio, temos que 42% dos jovens concluintes se encontram em estágios crítico e muito crítico de desenvolvimento das habilidades de leitura."

- "A avaliação assume papel de destaque no entendimento dos padrões de qualidade dos sistemas de ensino. Avaliação deve referir-se tanto à aprendizagem do aluno quanto à qualidade da escola. Nesse sentido, o Sistema de Avaliação do Ensino Básico (Saeb) assume papel estratégico", impondo-se, pois, sua universalização, que deverá ocorrer já no segundo semestre deste ano.
- Destaque necessário: "A qualidade da alfabetização de nossas crianças ainda é precária. Na primeira série do ensino fundamental encontram-se as piores taxas de rendimento e fluxo escolar." "Além disso, 22% das crianças matriculadas na 4ª série encontram-se em estágio 'muito crítico' de aprendizagem." Diante disso, torna-se necessário criar as condições para um Programa Nacional de Alfabetização Infantil.
- Importância do sistema de financiamento. Reconhecendo o papel desempenhado pelo Fundef na década de 1990, dá-se prioridade à constituição, em seu lugar, de um Fundo de Manutenção e Desenvolvimento da Educação Básica (Fundeb), que atenderia, inclusive, o ensino infantil e a educação de jovens e adultos.

A segunda dimensão refere-se à integração de *alfabetização, inclusão educacional e educação continuada*. Os pontos básicos:

- Os números da exclusão educacional são dramáticos: 65 milhões de jovens e adultos, com mais de 15 anos de idade, sem o ensino fundamental completo (desse total, 33 milhões são analfabetos funcionais e 16 milhões são analfabetos absolutos). Na faixa de 15 a 24 anos, 19 milhões não completaram o ensino fundamental e quase três milhões são analfabetos absolutos.
- A agenda de inclusão educacional é concebida não de forma pontual, mas na perspectiva da educação continuada. Sendo assim, a alfabetização é vista como "portal de entrada na inclusão e cidadania".
- O Programa Brasil Alfabetizado, em conseqüência, prevê a ampliação do período de alfabetização, para assegurar seus resultados, e um sistema de monitoramento, que garanta a sua avaliação.

A alfabetização "passa a ser diretamente articulada *com o aumento da escolarização de jovens e adultos*". (Grifos nossos.) Que, por sua vez, constitui prioridade nos processos de educação continuada.

- Com esse processo integrado de alfabetização, educação de jovens e adultos, educação continuada e inclusão educacional, definem-se os "contornos de uma agenda orientada pela articulação entre o aumento da qualidade dos sistemas de ensino e a construção das bases para a eqüidade e inclusão educacional, considerando, de forma prioritária, os elementos da diversidade étnico-racial, cultural, de gênero e regional da população brasileira".
- "O financiamento à educação de jovens e adultos, vetado no Fundef, deve estar plenamente atendido com a criação do Fundeb".

A dimensão seguinte compreende *educação profissional e tecnológica vinculada ao ensino médio*. Pontos principais:

- A educação profissional e tecnológica, com importância crescente para o crescimento econômico, a construção da cidadania e uma melhor inserção de jovens e trabalhadores na sociedade moderna, deve, por isso mesmo, vincular-se ao ensino médio.

E, por outro lado, "ser norteada pelo estímulo à aprendizagem ao longo da vida".

- Importância de dinamizar o funcionamento, em forma de sistema, de uma autêntica rede de educação tecnológica, "constituída, entre outros, pelos Centros Federais de Educação Tecnológica, escolas técnicas e agrotécnicas federais, escolas técnicas e agrotécnicas vinculadas às universidades federais. Enfim, estabelecer uma articulação com o Sistema S".

A última dimensão corresponde à Reforma do Ensino Superior, com prioridade para os seguintes pontos:

- Dentro da concepção de educação como sistema, é vital "o papel de liderança intelectual, cultural e tecnológica que desempenham as universidades, em especial as universidades públicas".

Importante é, também, reconhecer tratar-se de "processo complexo que envolve um conjunto de interesses — legítimos e ilegítimos — enraizados historicamente".

- O objetivo básico da reforma deve ser a "criação dos instrumentos legais e institucionais que assegurem a oferta em escala nacional do ensino que, atendendo aos anseios legítimos de parcelas expressivas da sociedade, conjugue qualidade com inclusão social".

Considerando esse objetivo, o Ministério da Educação está coordenando a formulação de um projeto de Lei Orgânica do Ensino Superior, que definirá o correspondente marco regulatório, "sob a égide da autonomia e da diversidade, combinadas em políticas de ação unificadas".

- Elementos da reforma considerada:
  — A avaliação é parte indissociável da autonomia (avaliação de resultados acadêmicos e da eficiência e boa utilização dos recursos).
  — Definição de quadro institucional de orçamentação global para as universidades públicas. "O orçamento global e a responsabilidade de gestão ensejam o estabelecimento de definição de metas e de processos de avaliação referidos a critérios públicos e transparentes consoantes com a missão da universidade, no ensino, na pesquisa e na extensão." E deve ser chamada a atenção para a origem dos recursos, que "envolve não apenas o MEC, mas os ministérios da Ciência e Tecnologia e da Saúde; as agências de fomento, como Capes, CNPq e Finep; os fundos setoriais; as outras instâncias do governo e instituições não-governamentais". "Para o financiamento das instituições públicas, apresenta-se a criação de um fundo específico para custear a expansão com qualidade, mediante a subvinculação de receitas, destinadas às universidades federais, que, nesse processo, conquistariam, finalmente, sua autonomia financeira."
  — "A expansão com qualidade do ensino superior passa pelas questões de acesso e permanência."
  Nesse contexto, têm-se acentuado a "definição e implantação de medidas positivas para grupos étnicos", assim como a pressão por tratamento diferenciado aos formandos do ensino médio provenientes de escolas públicas. Sem embargo: "Entre todas as alternativas de facilitação de acesso das classes menos favorecidas ao ensino superior, nenhuma delas é mais importante ou eficiente do que a melhoria significativa do ensino básico na rede pública." E, poderíamos acrescentar: a consecução, a médio prazo, da meta de universalização do ensino médio.
  — Outro ponto relevante: "A estrutura departamental deve ser repensada e modificada autonomamente pelas instituições

de ensino superior. É preciso propiciar ao ensino conexões adequadas com a produção e a extensão dos conhecimentos, resultando em melhor qualidade de aprendizagem. A flexibilização dos currículos de graduação pode também contribuir para experiências de estudo mais ricas e diversificadas. A criação de um ciclo inicial de formação apresenta-se como uma reformulação capaz de fortalecer as capacidades de compreensão e de expressão oral e escrita, conceitos de ciências naturais, as práticas esportivas e artísticas — visando ao pleno desenvolvimento da capacidade crítica e criativa necessária à formação de cidadãos e profissionais que participarão do projeto de futuro da nação."

Após a exposição do ministro Tarso Genro, os secretários dos diferentes níveis de ensino do MEC fizeram suas exposições, em caráter complementar à visão geral proporcionada pelo ministro.

Francisco das Chagas Fernandes, secretário de Educação Fundamental, acentuou que a ação de governo, em forma de sistema, objetivará, de um lado, "proporcionar às crianças e jovens brasileiros acesso à educação básica", o que já representa um grande esforço, pelo fato de que o contingente de crianças excluídas da educação infantil e de jovens excluídos do ensino médio é "muito alarmante". E, de outro lado, "assegurar-lhes o direito à permanência e, sobretudo, à aprendizagem em escolas qualificadas".

Após esse diagnóstico, salientou alguns aspectos complementares à apresentação do ministro, situando-os em três eixos, como segue:

- Primeiro eixo: *Formação inicial e continuada dos profissionais da educação*. Salientou a necessidade de sua atualização permanente, com "desenvolvimento de novos padrões de qualidade para a formação continuada de educadores atuantes no ensino fundamental e na educação infantil". Para isso, o MEC irá formar, "junto às instituições de ensino superior, a consolidação de *Centros de Formação Continuada de Professores*". (Grifos no original.)

- Segundo eixo: *Ampliação do ensino fundamental* para nove anos, tendo por "finalidade permitir que todas as crianças de seis anos, sem distinção de classe social, sejam matriculadas na escola e tenham acesso a um projeto pedagógico adequado às especificidades desse tempo de formação".
- Terceiro eixo: *Redefinição do financiamento da educação básica*, com criação do Fundeb — Fundo de Manutenção e Desenvolvimento da Educação Básica (incluindo, pois, ensino fundamental e ensino médio), em substituição ao Fundef, segundo exposto pelo ministro. A principal diferença é que agora se trata de "universalizar o atendimento na educação básica". Em conseqüência, haverá financiamento também da educação infantil e do ensino médio (inclusive educação de jovens e adultos).

A exposição seguinte foi de Antonio Ibañez Ruiz, secretário de Educação Média e Tecnológica.

Sua colocação inicial foi: "Impõe-se, portanto, um novo princípio educativo que busque progressivamente afastar-se da separação entre as funções intelectuais e as técnicas, com vista a estruturar uma formação que unifique ciência, tecnologia e trabalho, bem como atividades intelectuais instrumentais."

Em seguida, passa a abordar as políticas públicas para as áreas de sua secretaria, com os seguintes destaques:

- Ensino médio:
  — O dado preocupante: segundo o PNAD de 2002, somente cerca de 20% dos jovens de 15 a 24 anos "tinham concluído o ensino médio". Daí a importância de uma política de expansão com qualidade e inclusão.
  — Necessidade de "recuperar o papel fundamental do ensino médio, qual seja, o de estabelecer a relação entre o conhecimento e a prática do trabalho".
  — Instrumento importante para a melhoria de qualidade nesse nível é o Programa de Incentivo à Formação Continua-

da de Professores de Ensino Médio (Pro-Ifem), com prioridade para as ciências e já em andamento (inclusive com recursos do BID). Instituições de educação superior participam na elaboração de projetos.

Nesse contexto, haverá tratamento específico para o problema do baixo aproveitamento de crianças e jovens em ciências: Programa de Educação para a Ciência, desenvolvido em parceria com a Secretaria de Educação a Distância e o MCT.

— *Cabe referência especial à alternativa que será oferecida aos jovens, em caráter opcional, desde o início da 1ª série, de ensino médio integrado com ensino profissional. Assim, aqueles que não se destinarem ao ensino superior têm um caminho a seguir na preparação para o mundo do trabalho.*

— O financiamento à expansão do ensino médio, prioridade resultante da meta de universalização, a médio prazo, já está sendo equacionado através da criação do Fundeb.

- Ensino profissional e tecnológico:
  — Reconhecimento de que os parâmetros definidores "da educação profissional e tecnológica, no Brasil estão ainda alicerçados na velha economia industrial e não na economia do conhecimento". Impõe-se, pois, respeitar "os fundamentos que irão vincular a educação profissional aos processos educativos. Sem a estreita ligação à educação básica, a educação profissional correrá sempre o risco de se tornar mero fragmento de treinamento, em benefício exclusivamente do mercado e dos interesses isolados dos segmentos produtivos".
  — De onde a nova orientação do MEC, segundo exposto pelo ministro: educação profissional e tecnológica vinculada ao ensino médio.

Assim, o documento estabelecendo as Políticas Públicas para a Educação Profissional e Tecnológica contém orientação baseada "no compromisso com a redução das desigualdades sociais, o desenvolvimento socioeconômico, a vinculação à educação básica e a uma escola pública de qualidade".

— No tocante ao financiamento, a diretriz central do MEC é "mobilizar esforços para a criação do Fundo Nacional de Desenvolvimento da Educação Profissional e Tecnológica (Fundep), constituído pela manutenção das atuais fontes de financiamento e criação de outras, extraídas de fundos e programas já existentes (ex: setoriais, exportação, BNDES etc.)".

A apresentação de Nelson Maculan, secretário de Educação Superior, foi sobre "Reforma e reinstitucionalização da universidade".

Sua abordagem dessa temática partiu de uma consideração básica: "a sociedade não considera que a universidade esteja inserida no 'novo mundo'" (políticas públicas em geral, progresso tecnológico, desenvolvimento sustentável, responsabilidade social, inclusão social e cidadania etc.). Há, pois, "uma sensação avassaladora" de dissociação nas relações entre universidade e sociedade. Por isso, a sociedade "exige novas possibilidades de interagir com o mundo universitário".

Partindo desse diagnóstico, impõe-se o binômio "Reforma e reinstitucionalização da universidade", que Maculan desenvolveu dando ênfase aos seguintes pontos:

- A partir de novembro (2004), deverá estar concluído o projeto de Lei Orgânica de Ensino Superior, referido pelo ministro. "Num escopo mais amplo, seu intuito é propor uma nova universidade, que exprima e reflita o projeto de nação que desejamos implementar. Do ponto de vista mais estrito, almeja-se reordenar as relações entre o público e o privado no setor de educação superior, fortalecendo e requalificando a universidade pública para que ela permaneça como o *locus* de referência do sistema, ao mesmo tempo em que se aperfeiçoam os instru-

mentos de regulação do segmento privado, a fim de que a expansão quantitativa seja paralela à melhoria da qualidade do ensino oferecido."
- Consenso já identificado: *pensar o ensino superior público "desarticulado das ações de melhoria do ensino básico não produzirá uma universidade mais eficiente"*. (Grifos nossos.) "Fica explícito, então, que planejar o futuro da universidade sem garantir os pressupostos da universalização e qualificação da educação infantil, fundamental e média é assegurar um sistema nacional de educação capenga e fragilizado."
- Consideração importante para a reforma: "De fato, evidencia-se a falta de sentido da universidade 'estatal' brasileira sempre que vêm à baila as discussões sobre sua elevada capacidade de reproduzir o fosso social que separa ricos e pobres no país, incluindo todas as minorias (deficientes, negros, índios etc.). Incluir, portanto, é um dever da universidade brasileira..."
"Nesse sentido, há duas iniciativas do MEC em construção:" o Programa Universidade para Todos e a Política de Cotas.
Objetivo da primeira iniciativa: "Fazer com que instituições de ensino superior privadas que detêm o título de filantrópicas apliquem o percentual de 20% que a lei define como gratuidade obrigatória em bolsas de estudos"; e permitir "que aquelas entidades com fins lucrativos também participem do programa, disponibilizando 10% de suas vagas para alunos carentes, em troca de algumas isenções fiscais".
Questão das cotas: "a idéia do MEC é propor uma norma genérica e abrangente, que permita às instituições federais de ensino superior se adequarem conforme as demandas da região e as suas peculiaridades organizacionais".
- "Hoje, a aspiração por um diploma de nível superior é maior que no passado, em todas as classes sociais[5], mas já há um sentimento de que o processo educacional do indivíduo não ter-

---

[5]Levando a um grande aumento das pressões no sentido da massificação do ensino superior.

mina ao obtê-lo. A educação passa a ser incorporada como uma atividade permanente, especialmente do ponto de vista de aperfeiçoamento e requalificação profissional. Assim, a universidade ultrapassa seu papel de formação humanística e profissional em determinado ponto da vida de um indivíduo e vê seu papel perenizado como espaço de reflexão, pesquisa e aprendizado, no qual há um intercâmbio de conhecimentos. Uma via de mão dupla onde circulam os saberes populares e científicos".
Conseqüência: necessidade de "reestruturar a universidade, para que receba essas múltiplas demandas e consiga dar acolhida e tratamento adequados. A diversificação da estrutura da educação superior, com a criação de cursos seqüenciais e mestrados profissionalizantes, bem como a expansão da educação a distância, já é o início de uma resposta a essas demandas". Na conseqüente revisão dos modelos organizacionais, ganha "fôlego a discussão sobre a criação de centros de estudos e pesquisas transdisciplinares para substituir a organização em departamentos".

- "A expansão quantitativa nos remete ao valor da avaliação precisa e consistente do sistema brasileiro de educação superior, para assegurar qualidade aos cursos ministrados por entidades públicas e privadas. O Congresso Nacional aprovou, neste ano de 2004, o novo Sistema Nacional de Avaliação e Progresso do Ensino Superior, o Sinaes, cujos três componentes principais são: avaliação das instituições, dos cursos de graduação e do desempenho dos estudantes."

AVALIAÇÃO DA REVISÃO DE MODELO PROPOSTA

Na mesa-redonda que se seguiu, houve, de diversos ângulos, uma avaliação e crítica da revisão de modelo da educação apresentada pela direção do MEC.[6]

---
[6]Até a data de entrega dos originais do livro à editora, o INAE não havia recebido da equipe do MEC o texto — solicitado — de comentários sobre as avaliações feitas na mesa-redonda.

Claudio de Moura Castro, em seu comentário, analisou os principais temas que haviam sido abordados, dando destaque aos seguintes pontos:

- Gerenciamento do MEC:
    — Quanto às mudanças nas equipes: o novo governo levou ao MEC uma equipe "com menos experiência de governo e com formação técnica mais precária, sobretudo nos níveis administrativos mais baixos". A conseqüência é a "abundância de propostas potencialmente interessantes, mas que não têm análise da sua viabilidade política, plano de implementação e recursos orçamentários".
- Alfabetização de adultos:
    — No mundo e no Brasil (Mobral), a experiência mostra que "programas curtos de alfabetização de adultos" não dão certo. Por isso, foi em boa hora que "o novo ministro desacelerou os programas de alfabetização de adultos" propostos e implementados no ano de 2003. "Nosso analfabetismo é residual e localizado em populações mais velhas ou difíceis de trabalhar dentro de custos razoáveis."
    — "A nova ênfase no que vem depois da alfabetização é mais do que bem-vinda. O aprofundamento dos programas de alfabetização e a oferta de educação apropriada para adultos que já dominam os códigos da leitura são políticas mais do que razoáveis."
    — Estado das coisas, em matéria de educação, no país: *"O Brasil não é mais o país dos analfabetos, mas o país dos que já estiveram na escola e aprenderam a ler e escrever. Porém, nem se educaram e nem sabem usar a leitura e a escrita para se educarem. Focalizar este grupo é uma prioridade muito mais realista."* (Grifos nossos.)
- Ensino fundamental:
    — "A década de 1990 foi notável pelas transformações quantitativas do ensino brasileiro" (inclusive antes da gestão do pre-

sidente FHC). Houve "uma aceleração nas matrículas iniciais e um progressivo desentupimento do ensino fundamental, resultando em um aumento dramático das graduações — que já ultrapassaram a metade da coorte correspondente. Seguiu-se a esse avanço uma explosão do médio, lá para o fim do século, dando espaço para uma aceleração subseqüente do superior".

— "Pode-se dizer, resolveu-se o problema da quantidade." "Mas, como bem sabemos, os níveis de qualidade permanecem dramaticamente inadequados. Portanto, resolvida a quantidade, é mais do que natural a qualidade passar a ser a prioridade número um."

— Risco do Fundeb: De onde virão os recursos adicionais, impedindo que o médio seja financiado às custas do fundamental?

— "É um passo atrás a volta da velha controvérsia, em que se opõe repetência à promoção automática." "(...) o problema está na falta de implementação das medidas necessárias ao funcionamento correto de um sistema onde os alunos não repetem porque aprendem. É esse o foco correto da discussão".

— "Talvez o problema número um do fundamental esteja na formação inadequada dos professores."

- Ensino médio:
  — "...é o mais prenhe de contradições e impasses — no Brasil e fora. É um nível engasgado entre a missão mais exaltada de preparar para o superior e a outra, mais nobre a subestimada, de preparar para a vida de quem ali interrompe seus estudos."

  E o Brasil corre "o risco de estar em pior situação, por conta de uma distorção trazida pelos vestibulares de universidades públicas".

  Em síntese, o problema se coloca da seguinte forma: os vestibulares das universidades federais "são feitos para selecionar candidatos a medicina e direito, incluindo para isso perguntas dificílimas ou impossíveis". E passam a definir todo o conteúdo do ensino médio, porque as "escolas públicas e privadas acompanham os currículos implícitos nesses vestibulares" e, conseqüentemente, "empurram nos seus alunos programas enciclopédicos e impossíveis". Ora, "como sabemos, o risco de ensinar demais é aprender de menos".

— "Ao invés, as políticas do médio parecem se centrar na idéia de adicionar um ano profissional." Isso corresponde a "exumar o que nunca funcionou em praticamente nenhum país do mundo."

E, "na verdade, este quarto ano já existe: é o curso técnico — que costuma ter a duração de um ano. E tem a vantagem adicional da flexibilidade e da possibilidade de criar um ambiente mais apropriado para a profissionalização, ao invés da convivência sempre constrangedora com o acadêmico e o seu *ethos* mais forte e mais arrogante".

— Idéia sem esse tipo de problema é a de "uso dos computadores, que são ensino profissional e habilidades básicas ao mesmo tempo. Nas escolas, atendendo clientelas mais modestas, faria todo o sentido usar os 25% de liberdade de carga horária oferecida pelo currículo para focalizar tais habilidades, que não dependem de flutuações de mercado de trabalho".

- Ensino técnico:
  — "Parece que está para ocorrer um retrocesso elitista no ensino técnico. Escolas técnicas federais sempre tentaram melhorar o nível intelectual da sua clientela. Quando integravam o técnico ao acadêmico, terminavam por selecionar as elites para os seus cursos."
  — "Agora que o técnico está separado, recebem alunos bem mais pobres e interessados nas profissões oferecidas."
  "Se voltar a integração, será dada uma nova oportunidade ao ensino técnico público de voltar a elitizar-se..."

- Tecnológico e seqüenciais:
    — "É preciso lembrar que cursos semelhantes ao de tecnólogo e seqüenciais já têm meio século de existência. Nos países industrializados, o número de graduados supera o dos cursos de quatro anos." Mas "no Brasil, até recentemente, as matrículas neles correspondiam a 3% do ensino superior".
    — "O que sabemos dos Cefets e Senais e Senacs mostra uma enorme empregabilidade e um grande papel de mobilidade social dos tecnólogos. Como são cursos mais curtos e de retornos mais imediatos, têm grande apelo para alunos mais maduros e de posses mais limitadas."
- Ensino superior:
    — "A idéia de comprar vagas em instituições privadas é corajosa e bem-vinda. Na verdade, é muito mais barato do que expandir o ensino público, cujos custos são muito mais elevados."
    — "A proposta de reforma do ensino público é bem intencionada e toma algumas precauções cabíveis." Entretanto: "Se não tivermos discussões conduzidas por grupos onde os interesses mais imediatos estão equilibrados pela presença numerosa de outros, não vemos um bom prognóstico para a reforma."
    — "Os principais problemas da universidade pública são conhecidos: ingovernabilidade (quem deveria mandar não manda); politização do que deveria ser meritocrático; incentivos perversos; grande ineficiência no uso dos recursos..."
    "Os observadores mais qualificados, serenos e mais despidos de interesses próprios ou de grupos tendem a concordar com a agenda acima", que, de fato constitui "a real agenda da reforma."
    "Não obstante, há um risco de descarrilamento da agenda. Nas tentativas anteriores, toda a agenda de reforma acabou em reivindicações por mais fundos, por parte dos professores e reitores. Os temas reformistas se perdem."

- "No campo do ensino privado, o MEC declarou sua intenção de autorizar a abertura de cursos de acordo com o princípio da demanda social" — idéia carregada de riscos.
- Em verdade, "o MEC não conseguirá jamais assegurar qualidade com a mesma força que a combinação do Provão com a concorrência consegue. Portanto, precisamos de uma política exigente nas condições de oferta, mas que estimule a abertura de cursos".
- "Nas cotas raciais, o MEC tem agido com prudência e circunspecção. Mas o politicamente correto pode custar muito caro a longo prazo", principalmente numa sociedade como a nossa, em que "sequer há acordo acerca de quem é branco e quem não é".

"As cotas para os graduados de escolas públicas são uma alternativa bem interessante e inteligente. Substituem um critério problemático (raça) por um simples. No entanto, sequer tocam no problema principal — *a avassaladora maioria dos pobres não termina o ensino médio.*" (Grifos nossos.)

Uma saída está "em fórmulas mais matizadas e mais complexas de aceitar alunos de escola pública desde que a queda de qualidade não seja considerável" (como faz, por exemplo, a Unicamp).

- Inep:
  - "Houve um grande esvaziamento das equipes do Inep. Possivelmente, foi o órgão do MEC que mais sofreu perdas de capital humano."
  - "As críticas que foram oficialmente oferecidas contra o Provão não sobrevivem a qualquer análise séria". "Em contraste, abundam os estudos mostrando os efeitos benéficos do Provão."

  Daí a importância de sua preservação.
  - "Pelo que se lê na imprensa, é difícil evitar a conclusão de que o Enem está no limbo. Ora fala-se em eliminá-lo. Ora fala-se em fundi-lo com o Saeb. Mas entendamos, o Enem é uma prova individual e o Saeb, de grupo."

O comentário de João Batista Araújo e Oliveira, sobre "Planos para a educação", voltou-se para dois tópicos, a seguir sumariados:

- *A novidade — prioridade para a eqüidade e inclusão social*:
  — "A nova proposta do MEC inova num aspecto importante: pela primeira vez na história educacional do Brasil, a eqüidade é explicitada e convertida em foco de atenção. O conceito de eqüidade é associado a dois outros conceitos — o do resgate da dívida social e o da inclusão dos indivíduos na sociedade por meio da educação em todos os níveis."
  — Questão central do problema da eqüidade: para "promover maior igualdade através da educação, a política pública deve se orientar para as intervenções que promovam a igualdade ou inibam a desigualdade. Na sua forma atual, a educação aumenta as desigualdades sociais no Brasil". E essa constatação deve ser comparada com a "*estratégia de universalização do ensino básico do Brasil e da Coréia, onde o aumento da escolaridade diminuiu, ao invés de aumentar, as disparidades de renda*". (Grifos nossos.)
- *De volta ao início — prioridade para o ensino fundamental*:
  — Constatação: "Na 4ª série (do ensino fundamental), ao final de um percurso que leva em média seis anos para ser completado, entre 60 e 80% dos alunos não conseguem compreender o que lêem ou escrevem. Ou seja, perderam vários anos na escola, não foram alfabetizados e não possuem condições de progresso ou sucesso escolar."
  E o país gasta vultosos recursos tentando compensar essa falha original. Gasta-se muito "para fazer um remendo, em vez de gastar menos e *fazer direito da primeira vez*". (Grifos nossos.)
  — "Se o atual governo efetivamente quiser colocar o país para promover a eqüidade e a inclusão por meio da educação, é inescapável que ele deva atribuir *total prioridade ao ensi-*

no fundamental, e, dentro dele, à alfabetização das crianças na 1ª série do ensino fundamental." (Grifos nossos.)
— A agenda da alfabetização de crianças já existe: está no relatório "apresentado à Comissão de Educação da Câmara dos Deputados no dia 15 de setembro de 2004" (relatório elaborado por uma comissão internacional de especialistas, contendo o diagnóstico e suas conclusões e recomendações).

A intervenção de Edson Nunes apresentou estudo (realizado por ele e Leandro Molhano Ribeiro) sobre "A outra reforma universitária: para a sociedade do conhecimento". A seguir, os destaques do comentário:

- A educação superior atual, no Brasil:
  — O modelo existente de educação superior, no país, presa também a uma matriz profissionalizante/corporativa, que leva a uma profissionalização prematura ("desde os 15-16 anos os estudantes do ensino médio precisam começar a optar pela profissão futura, de modo a definir o curso de graduação a ser realizado e, assim, melhor se prepararem para os vestibulares") e presa também a um padrão corporativo (exigência de obter o título de bacharel nesta ou naquela profissão, forte influência das corporações profissionais sobre os currículos, obrigatoriedade legal de o profissional filiar-se a uma corporação).
  Tal modelo leva a um paradoxo e a uma frustração: "a educação profissionalizante acaba ficando na contramão das exigências de um mercado de trabalho moderno, complexo e rotativo", característico da economia (ou sociedade) do conhecimento.
  — A expansão do sistema se tem realizado (e isso já estava plenamente caracterizado nos anos 1970) dentro de uma tendência privatista: somente 20, 30% dos estudantes de ensino superior estão em instituições públicas.

Isso coloca o problema do padrão de referência acadêmica de alta qualidade, que impõe a necessidade de "atenção estratégica ao setor público universitário", principalmente se lembrarmos que a "articulação do ensino, pesquisa e extensão em instituições de excelência" (...) "é dispendiosa".

- O modelo proposto:
  — O modelo a ser considerado, na reforma, "objetiva uma educação superior funcionalmente diferenciada e/ou especializada", dotada de várias opções de formação.

  Em primeiro lugar, instituições destinadas a "conferir formação genérica — própria de uma sociedade do conhecimento —, ao mesmo tempo em que preparada para fornecer aos estudantes as habilidades básicas necessárias para um mercado de trabalho complexo e rotativo como o atual".

  Haveria também "escolas (faculdades) ligadas a profissões, tais como medicina, direito, engenharia".

  E, ainda, instituições que iriam prover "graduações mais curtas, orientadas para ocupações, tal como exemplificado pelos atuais cursos superiores de formação específica, os cursos seqüenciais" (a exemplo dos *community colleges*, tão disseminados nos Estados Unidos).

SÍNTESE E CONCLUSÕES

Vale a pena sintetizar os principais pontos da revisão de modelo proposta pelo ministro e seus secretários:

- Condução do ensino básico a partir de uma inflexão no sentido de sua qualidade:
  — Destaque para a alfabetização das crianças, ainda muito precária (primeira série do ensino fundamental).
  — O lado do acesso: necessidade de grande expansão do acesso à educação infantil e ao ensino médio. Implicação: ampliação do ensino fundamental para nove anos.

- Redefinição do sistema de financiamento da educação básica: estabelecimento do Fundeb, em substituição ao Fundef.
• Integração de alfabetização, inclusão educacional e educação continuada, através da ampliação do período de alfabetização e da sua articulação com o aumento da escolarização de jovens e adultos.
• Educação profissional e tecnológica vinculada ao ensino médio:
  - Aumento de acesso como questão fundamental, nesse nível: em 2002, somente cerca de 20% dos jovens de 15 a 24 anos tinham concluído o ensino médio.
  - Importância de recuperar o papel fundamental do ensino médio — estabelecer a relação entre a educação e a prática do trabalho.
  - Fundamento da orientação de vincular a educação profissional e tecnológica ao ensino médio: evitar que o ensino profissional corra o risco de tornar-se mero fragmento do treinamento.
  - Financiamento: mobilizar esforços para a criação de fundo específico — Fundep, Fundo Nacional de Desenvolvimento da Educação Profissional e Tecnológica.
• Reforma do ensino superior, objetivando a criação dos instrumentos legais e institucionais que permitam atender ao objetivo de expansão com qualidade e inclusão social:
  - Ponto de partida: consideração de que a sociedade considera haver uma dissociação nas relações entre universidade e sociedade.
  - Consenso já identificado: pensar o ensino superior público desarticulado das ações de melhoria do ensino básico não produzirá uma universidade mais eficiente.
  - A Lei Orgânica do Ensino Superior, a ser proposta, deverá reordenar as relações entre o público e o privado, no ensino superior, fortalecendo e requalificando a universidade pública.

— Duas iniciativas quanto à inclusão: o Programa Universidade para Todos e a Política de Cotas (norma genérica, para permitir a adaptação à especificidade de cada universidade).
— Gestão e financiamento (questões estreitamente vinculadas à autonomia universitária): possibilidade de criação de um Fundo Especial para a Educação Superior (viabilizando o orçamento global, para as universidades, com responsabilidade de gestão).

A seguir, a síntese da avaliação feita na mesa-redonda:

- CMC:
  — Dúvidas quanto ao gerenciamento do MEC, por ter a nova equipe menos experiência de governo e formação técnica mais precária.
  — Alfabetização de adultos: a experiência do Brasil e do mundo é que programas curtos de alfabetização não funcionam.
  — Necessidade de entender que o Brasil é o país dos que já estiveram na escola mas não sabem usar a leitura para se educarem. Esse, o grupo prioritário.
  — Ensino fundamental: pode-se dizer que os anos 1990 resolveram o problema de quantidade. Logo, a qualidade passa a ser a prioridade número um.
  — Ensino médio: distorção trazida pelos vestibulares de universidades públicas, muito difíceis, que condicionam os currículos do ensino médio, privado e público.
  — Ensino técnico: risco de retrocesso elitista, caso haja a integração com o ensino acadêmico (maior acesso de alunos de renda mais alta).
  — Importância da disseminação dos cursos de tecnólogo e seqüenciais (dois anos), que nos países industrializados superam, em número de graduados, os cursos de quatro anos.
  — Ensino superior: elogio da idéia de comprar vagas em instituições privadas; a agenda da Reforma da Universidade

Pública deve ser atacar os seus principais problemas — ingovernabilidade (quem deveria mandar não manda), politização do que deveria ser meritocrático, incentivos perversos, grande ineficiência no uso de recursos.
— INEP: esvaziamento das equipes.
Provão: as críticas oficialmente feitas não convencem.
Enem: parece estar no limbo.
- JBAO:
— Destaque para o aspecto inovador da proposta do MEC — prioridade para a eqüidade (menos desigualdade) e inclusão social.
— O essencial do problema educacional brasileiro: de volta ao início — prioridade para o ensino fundamental. Ou seja, fazer direito da primeira vez, para evitar que no final do ensino fundamental (seis anos), tenhamos o resultado atual (enorme percentual dos alunos não consegue compreender o que lê ou escreve).
— Repetindo: total prioridade ao ensino fundamental, e, dentro dele, à alfabetização das crianças da 1ª série.
- EN
— Modelo existente de educação superior, no Brasil, preso a uma matriz profissionalizante/corporativa, que leva a uma profissionalização prematura.
— Modelo a construir — sistema diferenciado, com três opções: instituições destinadas a prover formação genérica, juntamente com habilidades básicas necessárias para um mercado de trabalho complexo e rotativo como o atual; escolas (faculdades) ligadas a profissões (medicina, direito, engenharia); e instituições para prover graduações mais curtas orientadas para ocupações (a exemplo dos *community colleges*, tão disseminados nos Estados Unidos).

Vemos, assim, que o painel cumpriu bem seu objetivo, de proporcionar ao MEC a oportunidade de apresentar sua proposta de revisão do modelo de educação do país, ao lado de uma avaliação objetiva por conhecidos especialistas independentes.

A palavra final, nesta introdução ao livro correspondente, é no sentido de assinalar o papel estratégico da educação, principalmente para um país, como o nosso, que se prepara para fazer a transição para a economia do conhecimento. Basta recordar que ela pode ser auxiliar essencial de uma verdadeira revolução no país, se colocada dentro de adequado modelo de desenvolvimento. Foi o que aconteceu na Coréia, que o primeiro Relatório de Desenvolvimento Humano do PNUD, de 1990, destaca na categoria de "desenvolvimento humano sustentado".

Mas, cabe acentuar, educação moderna (que transmita os códigos da modernidade[7] e as linguagens da modernidade), educação com qualidade, educação com valores humanistas, educação ligada à sociedade e ao desenvolvimento. E, claro, educação permanente (ao longo da vida).

---

[7]Códigos da modernidade: desenvolvimento da capacidade cognitiva, capacidade de criar, capacidade de tomar iniciativas, capacidade de comunicar-se. Linguagens da modernidade: Português, Matemática, Inglês, uso do Computador/Internet.

PRIMEIRA PARTE

NOVO MODELO DE EDUCAÇÃO PARA O BRASIL

A agenda em educação no Brasil

Tarso Genro*

---
*Ministro de Estado da Educação.

INTRODUÇÃO

O sistema educacional brasileiro deve ser um dos mais importantes instrumentos da promoção do desenvolvimento com igualdade em nosso país. Hoje, ele ainda não atende com qualidade à exigência de democratização. As desigualdades marcam os sistemas de ensino, desigualdades regionais, sociais, étnicas, que parecem perpetuar, por meio da educação, a desigualdade da sociedade brasileira. O ensino fundamental atinge a mais de 96% de nossas crianças, mas sua qualidade está abaixo do necessário. O ensino médio é restritivo e carece de capacidade de resolução. O ensino técnico e profissional ainda não está ao alcance da grande maioria dos jovens que dele devem se beneficiar. O sistema de ensino superior conta com ampliação de oferta sem garantia de qualidade e, nele, o sistema federal, embora dotado de grande competência, enfrenta restrições imensas, tanto de financiamento quanto de autonomia.

O diagnóstico da educação brasileira aponta a urgente necessidade de renovação da agenda e de ampliação do empenho, de toda a sociedade e dos governos, para superar suas limitações evidentes e amplamente identificadas. Vale lembrar que o sistema de educação é organizado em níveis de competência complementares. Portanto, a agenda para a educação brasileira deve também resultar de uma ampla articulação entre os três níveis de governo — federal, estadual e municipal — para que os esforços sejam conjugados de modo a produzir resultados no menor tempo possível. A transformação da educação é tarefa de gerações, e o futuro deve começar agora.

Alguns princípios orientam as diretrizes das políticas que estão sendo implementadas no campo da educação:

a) A educação é um bem comum e fator estratégico para a nação, para valorização de seu passado, fortalecimento de seu presente e criação de seu futuro.
b) Como direito subjetivo, a educação é fator de transformação pessoal e de participação na cidadania, devendo ser acessível a todos, em todas as fases da vida.
c) A educação deve ser fator de justiça social, oferecendo eqüidade de oportunidades a todos os cidadãos, contribuindo para a redução das desigualdades regionais, sociais e étnico-culturais.
d) A qualidade é indispensável para a garantia do papel social e político da educação.

Discutir a renovação da agenda da educação no Brasil exige enfrentarmos os elementos que sustentam a desigualdade no país. Desigualdade que remete a forte heterogeneidade na distribuição da educação de qualidade entre os brasileiros ao longo da história. Desigualdade elevada e persistente. Discutir a educação implica, portanto, discutir as bases de um projeto de nação e de um modo de desenvolvimento.

O Ministério da Educação organiza sua estratégia de ação a partir de quatro eixos principais que, associados ao acompanhamento de diversos elementos de nossa agenda de trabalho, concedem nitidez à prioridade política e institucional de criação de novas bases de um modelo de educação para o país:

a) Em primeiro lugar, estabelecimento de um pacto de qualidade pelo ensino básico associado a uma redefinição do seu financiamento.

b) A articulação entre inclusão educacional e alfabetização define uma abordagem prioritária de superação do elevado passivo histórico em termos de desigualdade educacional.
c) A educação profissional e tecnológica assume um novo papel diante dos parâmetros da sociedade do conhecimento.
d) A reforma do ensino superior apresenta-se como reordenadora dos campos de produção do saber e definição dos marcos de um processo de desenvolvimento sustentável.

Os quatro eixos de ação do Ministério da Educação são articulados e se combinam num círculo virtuoso de transformação a partir dos princípios enunciados. É fundamental que a educação seja compreendida como um sistema, tanto na trajetória de cada indivíduo dentro de cada nível como na exigência de uma articulação entre os níveis. O sistema também está expresso na distribuição das responsabilidades constitucionais entre os entes federativos.

EDUCAÇÃO BÁSICA DE QUALIDADE

A condução do ensino básico no Brasil requer uma significativa inflexão no sentido da elevação de sua qualidade. Para além do acesso à escola, uma agenda de aumento da qualidade necessita enfrentar as dimensões de permanência, repetência, abandono, evasão e déficits de aprendizagem.

Alguns indicadores são ilustrativos. No ensino fundamental, de cada 100 alunos que o iniciam, apenas 51 concluem a 8ª série. Cerca de 60% das crianças que concluem a 4ª série não sabem ler corretamente. E esta é uma média nacional: se retirarmos da amostra as capitais e alguns dos maiores municípios do país, esse indicador atinge níveis ainda mais inquietantes. Quando consideramos o ensino médio, temos que 42% dos jovens concluintes encontram-se em estágios crítico e muito crítico de desenvolvimento das habilidades de leitura.

A qualidade é um desafio que remete a múltiplos componentes, destacando-se, entre outros, o ambiente educativo, as práticas pedagógicas, a gestão escolar democrática e a formação e as condições de trabalho dos profissionais da escola. O ambiente educativo com regras de convivência, respeito ao outro e combate à discriminação. As práticas pedagógicas associadas a um leque amplo de estratégias e recursos de ensino-aprendizagem e ao incentivo à autonomia e ao trabalho coletivo. A gestão escolar capaz de acionar a participação efetiva de estudantes, pais, mães e comunidade em geral. Além disso, o incentivo às parcerias locais e a atuação dos conselhos escolares. Sobre os profissionais da escola, além da remuneração, remetemos às condições de constituição e estabilidade da equipe escolar, além da necessidade da formação continuada.

Nesse contexto, a avaliação assume papel de destaque no entendimento dos padrões de qualidade dos sistemas de ensino. Avaliação evidentemente deve referir-se tanto à aprendizagem do aluno como à avaliação da escola. Nesse sentido o Sistema de Avaliação do Ensino Básico (Saeb) assume papel estratégico. A aplicação amostral nos concede indicadores consistentes da aprendizagem dos alunos e, no entanto, a universalização do Saeb, impõe-se como elemento de gestão capaz de transformar os parâmetros de implementação da qualidade em cada estabelecimento de ensino. A universalização do Saeb, já no segundo semestre de 2004, nos permitirá, pela primeira vez, estabelecer uma fotografia nacional sistematizando as informações sobre a qualidade de ensino em cada estabelecimento escolar.

Atualmente, as informações de caráter sistêmico e amostral do Saeb oferecem resultados consistentes para a agregação do país, das regiões e dos estados, mas são de pouca valia para o planejamento e a gestão referentes às efetivas condições que afetam a qualidade do ensino em cada escola. Nesse sentido, o conjunto de indicadores gerados a partir da universalização do Saeb disponibiliza as informações empiricamente relevantes para racionalizar as decisões de cada gestor local e estabelecer padrões mínimos de desempenho e, portanto, de indução do aumento de qualidade a partir de critérios combinados de eficiência e eqüidade.

Um destaque faz-se necessário: a qualidade da alfabetização de nossas crianças ainda é precária. Na primeira série do ensino fundamental encontram-se as piores taxas de rendimento e fluxo escolar. De acordo com o Saeb, as taxas de abandono estão em torno de 14% e as de reprovação, de 15%. Além disso, 22% das crianças matriculadas na 4ª série encontram-se em estágio "muito crítico" de aprendizagem. Portanto, não desenvolveram as competências mínimas em leitura e aritmética, apresentando significativa defasagem de alfabetização e elevada probabilidade de abandono da escola antes de completar o ensino fundamental. Diante disso, torna-se prioritário um amplo debate sobre parâmetros e experiências de alfabetização e a constituição das bases para um programa nacional de alfabetização infantil.

O enfrentamento da questão da qualidade do ensino básico remete de forma explícita ao sistema de financiamento. O Fundo Nacional de Desenvolvimento da Educação Fundamental e de Valorização do Magistério (Fundef) representou um dos principais avanços no financiamento da educação fundamental na década de 1990, sendo instrumento essencial para assegurar que a matrícula atingisse 96% das crianças e adolescentes de sete a 14 anos. Nossa prioridade é viabilizar um sistema de financiamento movido pela busca de aumento da qualidade do ensino e capaz de absorver o crescente número de alunos que caminham para o ensino médio, incluindo a educação de jovens e adultos. Nesse sentido, a redefinição do financiamento da educação básica passa pela constituição das bases institucionais, orçamentárias e organizacionais de um Fundo de Manutenção e Desenvolvimento da Educação Básica, o Fundeb.

ALFABETIZAÇÃO, INCLUSÃO EDUCACIONAL E EDUCAÇÃO CONTINUADA

A agenda de inclusão educacional necessita enfrentar os principais desafios da enorme dívida histórica do país no que se refere à educação, não de forma pontual, mas na perspectiva da educação continuada, estabelecendo compromissos que remetam à democratização dos sistemas de ensino e à criação de instrumentos que garantam a educação para todos.

A educação é parte do processo de construção de cidadania consciente e ativa, a partir do respeito pela diversidade e pela especificidade dos indivíduos. A reflexão sobre os desafios da inclusão educacional nos permite recuperar a *Declaração de Hamburgo sobre educação e formação de adultos*, pronunciada em 1997, destacando um de seus principais eixos: "os objetivos da educação de jovens e adultos, vistos como um processo de longo prazo, desenvolvem a autonomia e o senso de responsabilidade das pessoas e das comunidades, fortalecendo a capacidade de lidar com as transformações que ocorrem na economia, na cultura e na sociedade como um todo; promovem a coexistência, a tolerância e a participação criativa e crítica dos cidadãos em suas comunidades, permitindo assim que as pessoas controlem seus destinos e enfrentem os desafios que se encontram à frente".

Os números da exclusão educacional são contundentes. Temos 65 milhões de jovens e adultos, com mais de 15 anos de idade, sem o ensino fundamental completo. Desses 65 milhões, 33 milhões são analfabetos funcionais que sequer completaram a 4ª série, sendo que 16 milhões são analfabetos absolutos. Especificamente entre 15 e 24 anos de idade, 19 milhões não completaram o ensino fundamental e quase três milhões são analfabetos absolutos. São números que evidenciam a necessidade de resgatarmos a educação como um direito de todos, de jovens e adultos excluídos dos sistemas de ensino.

A alfabetização expressa a prioridade política definida pelo presidente Lula. Alfabetização como portal de entrada da cidadania que promove o acesso à educação como um direito de todos em qualquer momento da vida. Para a população jovem e adulta que não teve acesso à escola, não se pretende reservar apenas uma etapa abreviada de alfabetização. A alfabetização passa a ser diretamente articulada com o aumento da escolarização de jovens e adultos. O financiamento à educação de jovens e adultos, vetado no Fundef, deve estar plenamente atendida com a criação do Fundeb.

O programa de alfabetização passa a abranger novos critérios que se referem à ênfase na qualidade, ao maior aproveitamento de recursos públicos e ao sistema de alocação de recursos entre governos estaduais e municipais e outras instâncias da sociedade civil organizada. Neste sentido, o desenho do Programa Brasil Alfabetizado em 2004 contém a ampliação do período de alfabetização, que era de seis meses em 2003, para até oito meses; um aumento de 50% nos recursos para a formação dos alfabetizadores; o estabelecimento do valor da bolsa do alfabetizador a partir de um piso acompanhado de um percentual por aluno, em vez de um valor referido somente à quantidade de alunos sem qualquer piso; a implantação de um sistema de monitoramento, auditoria e avaliação com representatividade espacial e institucional; a redefinição da sistemática de transferência de recursos para estados e municípios por meio de transferência direta; e, ainda, o aumento do percentual dos recursos alocados para estados e municípios, aumentando as oportunidades de prosseguimento da escolarização de jovens e adultos. Esses instrumentos, orientados pela perspectiva de aumento da qualidade do processo de alfabetização, permitem implementar uma estratégia de aumento da probabilidade de alfabetização da população atendida pelo programa e, portanto, diante de uma mesma restrição orçamentária, conseguir alfabetizar uma maior quantidade de pessoas.

Além de um direito, a articulação entre alfabetização e os programas de inclusão social é estratégica e reordenadora dos horizontes de cidadania. Articulação no interior da esfera federal e também com os programas locais de estados e municípios. A articulação da alfabetização com o Programa Bolsa Família é absolutamente prioritária, permitindo significativo foco sobre a população em condição de extrema pobreza. A agenda de alfabetização e de educação de jovens e adultos integra, evidentemente, a dimensão estrutural de inclusão. A articulação com o Programa Primeiro Emprego do Ministério do Trabalho e com os cursos de profissionalização do Sistema S explicita o papel da alfabetização como portal de entrada na inclusão e na cidadania.

Não podemos esquecer que a pobreza extrema é tradicionalmente invisível para as políticas públicas e para a sociedade. Essa invisibilidade está associada a condições de sobredeterminação da pobreza, referidas em geral ao analfabetismo e à ausência de elementos mínimos de cidadania, como o registro civil. Os sem-documentos são pobres e analfabetos, cidadãos de segunda classe. O Programa Brasil Alfabetizado, em parceria com a Secretaria Nacional de Direitos Humanos, estabeleceu instrumentos para identificar entre os alfabetizandos os que não tem documentos e encaminhá-los aos órgãos competentes, responsabilizando os executores do programa pelo acompanhamento dessa situação.

A ênfase nos processos de educação continuada, destacando-se a modalidade de ensino Educação de jovens e adultos (EJA), que contempla a alfabetização e todo processo de aprendizagem, formal ou informal, expressa, portanto, os contornos de uma agenda orientada pela articulação entre o aumento da qualidade dos sistemas de ensino e a construção das bases para a eqüidade e inclusão educacional, considerando, de forma prioritária, os elementos da diversidade étnico-racial, cultural, de gênero e regional da população brasileira.

EDUCAÇÃO PROFISSIONAL E TECNOLÓGICA

A educação profissional e tecnológica apresenta importância crescente enquanto elemento estratégico para o crescimento econômico, a construção da cidadania e para uma melhor inserção de jovens e trabalhadores na sociedade contemporânea. A relação entre sociedade, conhecimento e produção se estabelece em novas bases, de acordo com as transformações científicas e tecnológicas que afetam a vida social e produtiva.

Nesse contexto, a formação profissional e tecnológica deve estar associada ao acesso dos trabalhadores à cultura sob todas as formas e, portanto, à educação básica. Trata-se, portanto, de resgatar os fundamentos que irão vincular a educação profissional aos processos educativos. A organização da educação profissional e tecnológica deve vincular-se ao ensino médio, propiciando aos alunos o domínio dos fundamentos científicos das diversificadas técnicas utilizadas na produção, e não o simples adestramento em técnicas produtivas.

A renovação e a expansão da educação profissional e tecnológica requer, como condição essencial, a ampliação do nível de escolaridade e o desenvolvimento da cultura da aprendizagem. Assim, a agenda de educação profissional e tecnológica deve ser norteada pelo estímulo à aprendizagem ao longo da vida, pelo desenvolvimento de novas abordagens de ensino e aprendizagem que ampliem capacidades e interesses e pelo crédito às reais competências que os indivíduos adquirem a partir do trabalho e da aprendizagem informal.

A educação profissional e tecnológica deve estar orientada pela integração ao mundo do trabalho, a interação com outras políticas públicas, a recuperação do poder normativo da LDB, a reestruturação do sistema público de ensino médio técnico e o compromisso com a formação e valorização dos profissionais de educação profissional e tecnológica.

No que tange à implantação da rede de educação profissional e tecnológica, vemos que, de acordo com o Censo de Educação Profissional, existem cerca de quatro mil instituições de ensino, sendo 67% mantidas pelo setor privado e 33% pelo setor público. O setor privado compreende diferentes tipos de entidade: o Sistema S, as entidades de ensino profissional livre e as organizações da sociedade civil, como sindicatos de trabalhadores, de empresários, ONGs, associações comunitárias leigas ou confessionais. O setor público é composto da rede de escolas técnicas mantidas pelas três esferas jurídico-administrativas — federal, estadual e municipal.

A definição da política de educação profissional e tecnológica requer o estabelecimento de novos e dinâmicos arranjos institucionais que permitam a interação com vários segmentos da sociedade. Nesse âmbito deve ser construído o Fórum Nacional de Educação Profissional e Tecnológica que, por meio da consulta periódica a trabalhadores, representantes de empresas, instituições públicas e privadas, organizações sindicais e não-governamentais, permita a definição de elementos para a renovação das políticas específicas para a educação profissional e tecnológica. Além disso, é necessário interagir com as Secretarias de Educação dos estados e dos municípios no sentido de incentivar e apoiar a criação e expansão de Centros de Educação Profissional e Tecnológica em vários níveis e explorando modalidades diversificadas, com vista a incluir socialmente os marginalizados da escola e do acesso aos conhecimentos tecnológicos.

É necessário promover ação coordenada entre as escolas públicas e privadas comprometidas com a educação profissional e tecnológica e articular com as diversas instâncias do poder Executivo, como o Ministério do Trabalho e Emprego e as Secretarias de Educação e de Trabalho dos Estados. No que tange ao Ministério do Trabalho e Emprego, é prioritário promover uma efetiva articulação com o Plano Nacional de Qualificação (PNQ), principal instrumento do governo federal para qualificar social e profissionalmente os trabalhadores.

A estruturação da educação profissional e tecnológica solicita a criação do Subsistema Nacional de Educação Profissional e Tecnológica, vinculado ao Sistema Nacional de Educação. Além disso, ela solicita dinamizar a rede de educação tecnológica, constituída, entre outros, pelos Centros Federais de Educação Tecnológica, escolas técnicas e agrotécnicas federais, escolas técnicas e agrotécnicas vinculadas às universidades federais. Enfim, estabelecer uma articulação com o Sistema S, que tem contribuição compulsória do fundo público, no sentido de ampliar o papel do Estado e da sociedade nessa rede, bem como sua função social.

REFORMA DO ENSINO SUPERIOR

Na medida em que compreendemos a educação como um sistema, é vital reconhecer o papel de liderança intelectual, cultural e tecnológica que desempenham as universidades, em especial as universidades públicas. A privatização do sistema de ensino superior ganhou, nos anos 1990, uma velocidade avassaladora. Políticas conseqüentes para a educação superior devem estabelecer marcos regulatórios que garantam a preservação da educação como bem comum e definam padrões de qualidade e compromisso social para todos que atuam no setor. O MEC é, simultaneamente, mantenedor do sistema público federal e gestor do sistema de ensino superior. A cada uma dessas atribuições correspondem ações distintas e complementares, ainda que em todos os casos a preocupação com a qualidade do ensino presida as medidas adotadas.

A reforma do ensino superior é, portanto, um processo complexo que envolve um conjunto de interesses — legítimos e ilegítimos — enraizados historicamente. Eles se relacionam não somente com as grandes questões econômicas e sociais mas também com o "modo de vida" e a "capacidade de orientação" das pessoas num mundo excessivamente fragmentado e com os principais paradigmas do pós-iluminismo em profunda crise.

O processo de reforma do ensino superior requer, portanto, a efetivação de um democrático diálogo com a sociedade civil que pretende consolidar, de modo concertado, o novo sistema de educação superior para o Brasil. A universidade necessita construir o espaço público de educação e formação de cidadãos capazes de responder aos desafios deste tempo, considerando que a produção de saberes deve estar democraticamente a serviço do desenvolvimento de nosso país e da inclusão social.

A universidade é também o ambiente em que se reinventa a solidariedade e a partilha dos saberes, buscando a compreensão dos direitos à diferença e à inclusão social. Ela tem como papel fundamental produzir conhecimentos dirigidos à construção de um futuro melhor para todos, de conhecer para transformar. Pública ou de outra vinculação, a responsabilidade da instituição universitária é a mesma, sob pena de não merecer o reconhecimento de sua condição de instituição universitária. O MEC trabalha para a formulação de uma lei orgânica, fruto desse diálogo em curso, que deverá especificar o marco regulatório da educação superior no país, considerando as questões de autonomia e financiamento, avaliação, estrutura e gestão, acesso e permanência, além de conteúdos e programas.

Nessa perspectiva, a autonomia é encarada como condição necessária e indispensável à manutenção da posição única e original da universidade na sociedade. O sistema de ensino superior brasileiro compreende uma variada gama de instituições que pode e deve ser combinada com diversidades regionais e vocacionais. Portanto, um sistema autônomo de ensino superior deverá levar em consideração a enorme heterogeneidade já implantada no país, promovendo a articulação necessária entre os valores básicos que devem orientar um movimento de reforma do ensino superior, sob a égide da autonomia e da diversidade combinadas em políticas de ação unificadas.

A questão da autonomia dos sistemas de ensino tem um relacionamento complexo com o conceito de avaliação externa do rendimento escolar de seus alunos, por exemplo. Os incrementos na eficácia e na eficiência dos sistemas de ensino, por sua vez, justificam a presença de controles estatais, exercidos sobre processos descentralizadores que outorgam autonomia às subunidades do sistema (escolas, faculdades, universidades etc.). Estabelecida a autonomia das universidades, é preciso que haja coerência entre o grau de autonomia e o orçamento a que a instituição tem acesso, mas, principalmente, a autonomia tem que estar associada à eficiência e à boa utilização dos recursos, mediante processos de avaliação adequados. Avaliar é parte integrante e indissociável da autonomia. Na medida em que avaliar é atribuir valores, a avaliação conecta-se profundamente com o futuro e com o projeto de nação.

Diante disso, trata-se de se definir um quadro institucional de orçamento global para as universidades públicas. O orçamento global e a responsabilidade de gestão ensejam o estabelecimento de definição de metas e de processos de avaliação referidos a critérios públicos e transparentes consoantes com a missão da universidade, no ensino, na pesquisa e na extensão.

Assim, podemos relacionar as mudanças na estrutura de financiamento com a busca por aumento da qualidade e por eqüidade. O atendimento dos parâmetros elencados e, conseqüentemente, a melhoria da qualidade e a ampliação da eqüidade do sistema de ensino superior requerem tratamento diferenciado a questões referentes a funcionalismo, custeio e investimento das universidades públicas.

O debate sobre financiamento do funcionalismo envolve níveis de remuneração, planos de carreiras motivadores e os gastos com aposentadorias. A garantia da manutenção da gratuidade em estabelecimentos oficiais de ensino superior está assegurada na proposta da lei orgânica. O custeio abrange modernização administrativa, atividades acadêmicas de ensino, pesquisa e extensão, e apoio aos estudantes (bolsa, moradia, alimentação, transporte e material). Cabe frisar o custeio de hospitais universitários, museus, observatórios e equipamentos de ciência e cultura para além dos laboratórios. Aqui, chama-se a atenção para a origem dos recursos, que também deve ser trazida à tona, pois envolve não apenas o MEC, mas os ministérios da Ciência e Tecnologia e da Saúde; as agências de fomento como Capes, CNPq e Finep; os fundos setoriais; as outras instâncias do governo e instituições não-governamentais.

Para o financiamento das instituições públicas, apresenta-se a criação de um fundo específico para custear a expansão com qualidade, mediante a subvinculação de receitas, destinadas às universidades federais que, nesse processo, conquistariam, finalmente, sua autonomia financeira. A lei orgânica da educação superior, a ser formulada em conjunto com a comunidade acadêmica e a sociedade civil, poderá consagrar essa orientação.

A expansão com qualidade do ensino superior passa pelas questões de acesso e permanência. A educação é um direito social básico e a aplicação desse direito fundamental em uma sociedade desigual e profundamente estratificada como a nossa evidencia o processo de exclusão dos setores menos favorecidos, demandando por parte do Estado uma política de inclusão, a qual nos remete justamente ao processo democrático de acesso e aos mecanismos de garantia da permanência.

Neste quesito, alguns pontos merecem destaque. Em primeiro lugar, a possibilidade de acesso deve implicar acesso ao curso pretendido mais do que limitado aos cursos eventualmente ofertados. Segundo, o processo expansionista do ensino superior no Brasil foi conjugado com uma forte concentração, seja de caráter regional, seja de áreas de conhecimento. Terceiro, a evasão, apesar de não ser acentuada, está diretamente relacionada a motivações de ordem econômica, variando da necessidade de trabalho a dificuldades de acompanhamento decorrentes de fraca formação no ensino médio. O processo de evasão pode e deve ser compensado por meio de ocupação das vagas ociosas e por políticas assistenciais e acadêmicas adequadas, elevando o nível de diplomação.

A definição e implantação de medidas positivas para grupos étnicos promovendo o acesso aos bancos universitários têm se acentuado no período recente, sendo que o mais importante é a discussão, assim como a reflexão decorrente, que o tema tem motivado. Igualmente, a pressão por tratamento diferenciado aos formandos do ensino médio provenientes de escolas públicas tem resultado em análises necessárias para entender melhor e enfrentar os reais problemas envolvidos. Entre todas as alternativas de facilitação do acesso das classes menos favorecidas ao ensino superior, nenhuma delas é mais importante ou eficiente do que a melhoria significativa do ensino básico na rede pública. De fato, não haverá reforma do ensino superior eficiente que não ofereça ao ensino básico o mesmo nível de preocupação e ação.

A estrutura departamental deve ser repensada e modificada autonomamente pelas instituições de ensino superior. É preciso propiciar ao ensino conexões adequadas com a produção e a extensão dos conhecimentos, resultando em melhor qualidade de aprendizagem.

A flexibilização dos currículos de graduação também pode contribuir para experiências de estudo mais ricas e diversificadas.

A criação de um ciclo inicial de formação apresenta-se como uma reformulação capaz de fortalecer as capacidades de compreensão e de expressão oral e escrita, os conceitos de ciências naturais, as práticas esportivas e artísticas — visando ao pleno desenvolvimento da capacidade crítica e criativa necessária à formação de cidadãos e profissionais que participarão do projeto de futuro da nação.

O sistema de gestão deve acionar outros instrumentos e mecanismos de acompanhamento e participação. Entre eles, a possibilidade da constituição de Conselhos Consultivos de Planejamento e Gestão nas instituições para o acompanhamento da qualidade no ensino, na pesquisa e na extensão, abrangendo planejamentos anuais e plurianuais. A escolha direta do reitor nas universidades públicas e de um pró-reitor acadêmico nas universidades privadas pode contribuir para o maior engajamento de todos os segmentos na formulação e na execução dos projetos de desenvolvimento institucional.

A reforma do ensino superior remete, portanto, à criação dos instrumentos legais e institucionais que assegurem a oferta em escala nacional do ensino que, atendendo aos anseios legítimos de parcelas expressivas da sociedade, conjugue qualidade com inclusão social.

A nova política de educação fundamental
*Francisco das Chagas Fernandes**

---
*Secretário de Educação Infantil e Fundamental do MEC.

INTRODUÇÃO

A política educacional do atual governo, voltada à inclusão e ao desenvolvimento social, considera a necessidade de ampliar o acesso a todas as etapas da educação básica e de garantir padrões de qualidade social ao ensino público brasileiro.

Em si mesma, a pretensão de proporcionar às crianças e jovens brasileiros acesso à educação básica já exige grandes esforços goernamentais. Afinal, se o contigente de crianças excluídas do ensino fundamental não chega a ser muito grave, o mesmo não ocorre em relação à educação infantil[1] e ao ensino médio — etapas em que o contingente, de fato, é muito alarmante.

No entanto, o atual governo pretende, além de assegurar às crianças e aos jovens o direito à escolaridade, assegurar-lhes também o direito à permanência e, sobretudo, à aprendizagem em escolas públicas qualificadas. Isso significa dizer que, para materializar suas pretensões, já enfrenta e continuará enfrentando muitos desafios.

É verdade que o financiamento continua sendo o meio privilegiado de se assegurar a expansão e a qualidade do ensino público. Contudo, uma reflexão sobre a qualidade educacional, enquanto tal, não pode se ausentar do enfrentamento das mudanças havidas e pro-

---

[1] Num universo de 23 milhões de crianças pertencentes à faixa etária situada entre zero e seis anos, cerca de somente seis milhões recebem atendimento em creches e pré-escolas.

piciadas no âmbito da sociedade contemporânea, as quais, inclusive, ressignificam o conhecimento.

Hoje, mudanças significativas ocorrem em todo o planeta, pois a configuração da informação em rede coloca em dimensões diferenciadas aspectos antes considerados fundamentais.

Na chamada sociedade do conhecimento, o que se vê é um contínuo recuo da força física e do próprio valor das matérias-primas em favor do avanço da força intelectual e das novas formas de composição produtiva. Nosso cotidiano evidencia o fim de muitos postos de trabalho, fim estrutural, pois eles entrarão para a memória e para a história. Ao mesmo tempo, novos serviços comparecem à cena social com exigências reveladoras de uma nova forma de mais-valia: a mais-valia intelectual.

Face às novas postulações da cidadania e do mundo do trabalho, a escolarização adquire papel ainda mais significativo e estratégico. Novas formas de trabalho, de ocupação e de lazer exigem, cada vez mais, o conhecimento como base necessária à participação social e política. A informação e a comunicação penetram os mais recônditos espaços da vida privada e social.

Ressalte-se que as composições relativas à organização do conhecimento vêm sofrendo mudanças significativas. Os limites estanques entre os diferentes campos de conhecimento sofrem contínuas erosões, o entrelace entre esses campos é cada vez maior. Daí a metáfora da realidade em rede, entrelaçada de fios que formam um tecido cada vez mais complexo. Não é à toa que, na dinâmica da própria vida social, a noção de competência, não como conteúdo, mas como um conceito regulador e sintético, vem se impondo como lente de leitura de um "concreto cada vez mais síntese de múltiplas determinações".

Por isso, à escola não se pode mais pedir apenas a transmissão de informações. As informações a serem repassadas pela escola precisam ser permeadas pela busca de novos sentidos e de novas realidades. Somente assim, no espaço escolar talhado em anos seqüenciais, será possível que o professor ensine, que o aluno aprenda e que ambos continuem a aprender por intermédio de outros meios extra-escolares. Conseqüentemente, no desenvolvimento das capacidades abstrativas que o espaço escolar propicia como formação básica inicial, haverá o gosto por continuar a "aprender aprendendo" — desde que, logicamente, alguém ensine; haverá a inclusão de aspectos éticos e socioculturais como componentes curriculares, o que insere, na rede de informações, conteúdos vinculados às problemáticas sociais.

Por sua vez, levando-se em conta o papel da escola e de seu projeto pedagógico, a busca de novos sentidos e de novas realidades irá implicar compromisso com a polivalência dos conteúdos, a pluralidade dos enfoques, o compartilhamento do parentesco que todos os campos do conhecimento possuem entre si e, ainda, uma troca de experiências entre todos os sujeitos da ambiência escolar.

E esse compartilhamento supõe uma emancipação do sujeito individual e coletivo. Do sujeito individual, tanto no espaço privado como no social, exigem-se formas de presença em que os conhecimentos estão cada vez mais implicados. Daí a insuficiência de uma escolaridade que passe ao largo do mundo digital e que ignore os contornos reais de um contexto local e internacional. Mas essa exigência não se limita ao sujeito singular. Ela capta as instituições, as empresas e todas as formas de existência social, inclusive a dimensão institucional do Estado nacional. Por isso, quando se pensa em uma nação, não se pode vê-la como parceira no cenário internacional se ela não dispuser de uma boa rede de escolarização, capaz de propiciar vocações e talentos que venham a dar vazão à curiosidade em matéria de pesquisa científica inovadora.

Nesse sentido, a escola é uma sementeira da nova "riqueza das nações". A sociedade do conhecimento exige tanto a inclusão (a educação como direito de todos e dever do Estado) quanto um padrão de qualidade que ponha o conhecimento no centro das preocupações de uma nação emancipada pela pesquisa científica séria, crítica e compromissada com os valores democráticos.

Enfim, utilizar-se racional e democraticamente de recursos disponibilizados pela sociedade do conhecimento, indispensáveis para o bem- estar dos cidadãos e para nova "riqueza das nações", certamente significa fazer da "economia do conhecimento" um meio de se obter uma sociedade à luz do que exigem o artigo 3º de nossa Constituição Federal e o artigo 205 da mesma lei maior:

> Art. 3º Constituem objetivos fundamentais da República Federativa do Brasil:
>
> I. Construir uma sociedade livre, justa e solidária;
> II. Garantir o desenvolvimento nacional;
> III. Erradicar a pobreza e a marginalização e reduzir as desigualdades sociais e regionais;
> IV. Promover o bem de todos, sem preconceitos de origem, raça, cor, idade e quaisquer outras formas de discriminação.
>
> Art. 205. A educação, direito de todos e dever do Estado e da família, será promovida e incentivada com a colaboração da sociedade, visando ao pleno desenvolvimento da pessoa, seu preparo para o exercício da cidadania e sua qualificação para o trabalho.

ASPECTOS DA ATUAL POLÍTICA NACIONAL DE EDUCAÇÃO

O Ministério da Educação (MEC), por intermédio da Secretaria de Educação Infantil e Fundamental (Seif), pretende qualificar a educação básica como direito social. Por essa razão, ao desenvolver suas ações, ele toma como referência três diretrizes principais: (1) democratização do acesso e garantia da permanência de crianças e jovens nas escolas brasileiras; (2) democratização da gestão; (3) construção da qualidade social da educação.

Em relação à democratização do acesso e à garantia de permanência de crianças e jovens nas escolas, as ações da Seif estão voltadas a:

- Ampliar o atendimento em todos os níveis da educação básica, estabelecendo ações articuladas e dinâmicas com estados, municípios, sociedade civil organizada e demais setores sociais.
- Vincular o acesso e a permanência não somente à ampliação da rede física mas também à consolidação de alternativas de sustentabilidade — políticas de transporte, de material escolar e de merenda; programas de renda mínima; outras ações destinadas à geração de emprego e renda.
- Criar condições para a ampliação do ensino fundamental para nove anos, garantindo o ingresso de crianças de seis anos no ensino fundamental.

Em relação à democratização da gestão, as ações da secretaria têm o propósito de:

- Estimular os sistemas de ensino ao entendimento da participação como um mecanismo gestor da qualidade social da educação, incentivando-os à criação de canais coletivos de formulação, de gestão e de fiscalização das políticas educacionais.
- Subsidiar os sistemas de ensino com instrumentos que promovam o fortalecimento da gestão democrática, capacitando dirigentes, gestores, conselheiros e trabalhadores em educação.
- Incentivar a organização da sociedade civil em relação à garantia do efetivo direito à educação e à consolidação de mecanismos de gestão democrática nas instituições escolares de todo o país.

Já em relação à qualidade social da educação, as ações da secretaria envolvem a criação de canais institucionais capazes de:

- Conduzir os sistemas de ensino à reflexão sobre o papel social da escola na construção e apropriação coletiva do conhecimento, bem como a práticas voltadas à democratização do saber;

- Orientar esses sistemas no sentido de garantir aos profissionais da educação formação inicial e continuada, plano de carreira, salários e condições de trabalho dignos.
- Promover, junto a esses mesmos sistemas, uma reflexão sobre a necessidade dos currículos escolares considerarem os "conteúdos do social" — questões relativas à terra, à sustentabilidade ambiental, à empregabilidade e à qualidade de vida.

No sentido do mencionado, a Seif vem materializando intenções políticas em atitudes concretas, a exemplo da elaboração de um novo desenho do Plano Plurianual (PPA), que, já traduzindo a ótica da inclusão e da qualidade social da educação, assegura, por meio de programas e recursos orçamentários específicos, o fortalecimento dos diferentes níveis da educação básica.

Vale ainda ressaltar que, a princípio, a secretaria está concentrando esforços em três principais eixos de atuação: (1) formação inicial e continuada dos profissionais da educação; (2) ampliação do ensino fundamental para nove anos; (3) redefinição do financiamento da educação básica.

FORMAÇÃO INICIAL E CONTINUADA DOS
PROFISSIONAIS DA EDUCAÇÃO

Embora se possa dizer, genericamente, que uma profissão se qualifica por tudo que se promova em favor dela, é preciso distinguir a formação de outros processos com igual horizonte.

A qualificação é uma prática social que envolve o coletivo e a relação entre educação e trabalho. Como em toda profissão, essa relação possui uma dimensão formativa inicial: aquela que possibilita a uma categoria o exercício profissional. No caso dos docentes, a formação inicial completa em estabelecimentos regulares e credenciados é uma licença que, por sua vez, faz do seu portador, e só dele, alguém capaz de ingressar nas redes de educação escolar dos sistemas de ensino. Portanto, a qualificação implica uma formação sistemática, regular e regulamentada, que, quando obtida em estabelecimentos escolares reconhecidos, gera um diploma ao seu portador. Ela tem um caráter coletivo e institucional.

Nesse sentido, importa não tratar sociedade e indivíduo como elementos antagônicos, mas sim como pólos de uma dialética maior. E não se deve reificar a qualificação na dimensão socioinstitucional dada pela formação inicial como se educadores e educadoras, ao longo da sua vida profissional, não construíssem novos saberes; como se aquele saber atestado pelo diploma de conclusão do curso fosse suficiente para o pleno exercício profissional.

Por melhor e mais avançado que seja um curso de formação acadêmica ou de formação técnica específica, os profissionais de educação não saem deles "prontos". Na prática cotidiana, esses profissionais complementam, aprimoram e atualizam seus conhecimentos. Tanto é que, para a perspectiva da epistemologia contemporânea, a prática não constitui mero campo de aplicação da teoria aprendida na formação inicial, pois o conhecimento se produz também na própria prática.

Assim, formação inicial e continuada fazem parte de um processo contínuo que forma o profissional da educação e, ao mesmo tempo, a profissão de educador e a própria escola. Ambas as dimensões, inicial e continuada, apóiam-se em princípios e pressupostos comuns, o que situa alunos e professores como sujeitos, valorizando suas experiências pessoais e seus saberes da prática. Desta forma, a formação inicial e a continuada apóiam-se no trabalho coletivo e compartilhado, mas sem prescindir do desenvolvimento e do compromisso individuais.

Além disso, no atual contexto de produção cada vez mais acelerada de conhecimentos científicos, não se pode esquecer a importância da atualização permanente, de forma a democratizar o acesso de todos os profissionais aos progressos do seu campo de trabalho.

Portanto, tomar a formação inicial em si, com suas precariedades e virtudes, como fonte para analisar, criticar, elogiar e avaliar a atuação dos docentes em exercício na educação básica é incorrer no erro lógico de tomar uma manifestação importante e significativa como se ela fosse o todo. No entanto, logicamente, qualquer avaliador sabe que a formação inicial é a condição e o meio mais próximo e direto para o exercício profissional relativo à ambiência escolar. Nesse sentido, ela deve ser a melhor possível e a mais adequada ao perfil dos estudantes, de modo que o acesso e a permanência dos estudantes na escola sejam universais e qualificados.

Entretanto, os saberes nascidos do fazer também têm de ser objeto de valorização sistemática, o que nem sempre acontece. Para tanto, torna-se necessário possibilitar aos educadores uma organização mais clara e mais sistemática de sua prática cotidiana, capaz de proporcionar-lhes retomadas a partir da reflexão acerca de experiências e de rotinas escolares. A formação continuada permite, então, que o professor vá se apropriando, como sujeito histórico, dos conhecimentos que ele mesmo gerou e que se torne um professor investigador, podendo rever sua prática, atribuir-lhe novos significados e obter maior espaço para a compreensão das mudanças que o atingem.

Além disso, os desafios atuais do mundo contemporâneo implicam um conhecimento teórico-prático de uma sociedade em que a sala de aula se projeta, por exemplo, pela rede mundial de computadores, para além das quatro paredes. A formação encontra-se estendida, para além dos bancos universitários, como formação continuada, especialmente quando a educação a distância vem superando os espaços geográficos e os tempos escolares fixos.

Visando à consolidação de uma política voltada ao desenvolvimento de novos padrões de qualidade para a formação continuada de educadores atuantes no ensino fundamental e na educação infantil, o MEC está implantando a Rede Nacional de Centros de Pesquisa e Desenvolvimento da Educação, por intermédio da qual estará fomentando, junto às instituições de ensino superior, a consolidação de Centros de Formação Continuada de Professores. Esses centros estarão produzindo: (1) materiais didáticos (livros, *softwares*, vídeos); (2) módulos, cursos, programas de formação, bem como materiais necessários à sua execução; (3) tecnologias de gestão de unidades e de redes de ensino (*softwares* e instrumentos de avaliação) destinados ao atendimento de demandas dos sistemas de ensino.

A Rede de Formação Continuada promoverá, ainda, intercâmbio dos saberes pedagógicos entre os vários centros e desses com os sistemas de ensino. O que se pretende é que essa rede materialize uma verdadeira teia de conhecimentos, capaz de atingir todas as regiões do país em diferentes áreas.

No que diz respeito à formação inicial, vale aqui ser destacado que a Seif, por intermédio da implantação do Projeto Formação de Professores da Educação Infantil (Proinfantil) desenvolverá, em parceria com instituições de ensino superior, com as secretarias estaduais e municipais de educação e com organismos internacionais tais como Unesco e Unicef, uma ação voltada à habilitação, em nível médio, de professores leigos de creches e pré-escolas públicas e filantrópicas de todo o país.[2] Essa habilitação ocorrerá por meio da educação a distância, incluindo atividades individuais e coletivas de estudo, a serem desenvolvidas com apoio de um tutor e de um serviço de comunicação, visando a orientar e auxiliar a aprendizagem do professor cursista. O curso deverá ser desenvolvido em dois anos, por meio de quatro módulos, perfazendo um total de 3.200 horas.

O projeto mencionado, por sua vez, inspira-se numa redefinição da formação inicial e continuada para profissionais que atuam na educação infantil. A realidade brasileira exige que o professor da educação infantil tenha uma competência polivalente, o que significa dizer, nos termos dos Referenciais Curriculares Nacionais, que:

> Ao professor cabe trabalhar com conteúdos de naturezas diversas, que abrangem desde cuidados básicos essenciais até conhecimentos específicos provenientes das diversas áreas de conhecimento. Este

---

[2] De acordo com dados do Inep, em 2002, apenas 64% dos professores atuantes na pré-escola tinham habilitação em nível médio. Já dos atuantes em creches, somente 59,6% tinham a referida habilitação.

caráter polivalente demanda, por sua vez, uma formação bastante ampla do profissional que deve tornar-se, ele também, um aprendiz, refletindo constantemente sobre sua prática, debatendo com seus pares, dialogando com as famílias e a comunidade e buscando informações necessárias para o trabalho que desenvolve. São instrumentos essenciais para a reflexão sobre a prática direta com as crianças a observação, o registro, o planejamento e a avaliação.[2]

Para o MEC, uma nova prática de educação infantil implica dar oportunidade aos seus docentes o acesso a competências, habilidades e conhecimentos específicos cuja aquisição deve ser o objetivo central da formação inicial e continuada dos mesmos. Nesse sentido, por um lado, ao propor ações de formação inicial para profissionais sem habilitação mínima para exercício na educação infantil, o MEC considera a necessária articulação entre a teoria e prática. Por outro lado, considera que uma política voltada à formação inicial de profissionais da educação infantil necessita acolher as demandas do tempo presente. Demandas tais como as que dizem respeito à construção de um novo entendimento sobre aprendizagem, currículo e estratégias de avaliação, bem como as que colocam em pauta o papel social da escola no sentido de absorver interesses e necessidades da sociedade.

Enfim, ao tratar a formação docente, o MEC pretende enfrentar as urgências próprias da sociedade atual, com seu formidável entorno tecnológico, consolidando compromissos com a socialização do saber e com a inclusão social.

AMPLIAÇÃO DO ENSINO FUNDAMENTAL

A ampliação da escolaridade para nove anos repousa no fundamento pedagógico de que se faz necessária uma mudança radical na estrutura e na cultura escolar legitimadora de um processo de exclusão, de seleção e de segregação social.

---
[2]Brasil, MEC/SEF, 2001, p. 41.

Essa ampliação sustenta-se também na organização do processo educativo de acordo com as fases do desenvolvimento humano — infância, pré-adolescência, adolescência e juventude. Nessa concepção, os processos pedagógicos são processos de formação e desenvolvimento do educando e não apenas processos de instrução.

Portanto, essa ampliação tem por finalidade permitir que todas as crianças de seis anos, sem distinção de classe social, sejam matriculadas na escola e tenham acesso a um projeto pedagógico adequado às especificidades desse tempo de formação. Objetiva, prioritariamente, resgatar uma dívida social com os setores populares diante das pressões do desemprego e da inserção da mulher no mercado de trabalho. No limite premente da busca da sobrevivência, os responsáveis por essas crianças não têm como impedir que elas fiquem expostas aos mais diversos riscos. Desse modo, essa iniciativa busca também reverter a situação de extrema vulnerabilidade a que ficam expostas as crianças sem acesso à escola.

Nessa perspectiva, durante o mês de fevereiro de 2004, a secretaria realizou sete encontros regionais, objetivando: 1) suscitar, junto a dirigentes, técnicos e professores de estados e municípios, uma discussão acerca da ampliação do ensino fundamental para nove anos; 2) promover o conhecimento e o intercâmbio de bem-sucedidas experiências de ampliação do ensino fundamental para nove anos. Após esses encontros, que abrangeram os 247 sistemas de ensino, três secretarias estaduais e 88 municipais enviaram planos de trabalho visando à ampliação do ensino fundamental para nove anos.

Em de março de 2004, a Seif realizou reunião com o Conselho Nacional de Educação (CNE) visando à criação de base legal para a ampliação do ensino fundamental para nove anos. Durante o mês de maio, enviou à Câmara de Ensino Básico o documento *Ensino fundamental de nove anos — Orientações gerais*, em versão preliminar. Em decorrência, na última reunião, o CNE colocou em pauta a discussão da ampliação do ensino fundamental, apresentada pelo conselheiro Murílio Hingel.

Durante o mês de junho, consolidou-se a versão final do documento intitulado *Ensino fundamental de nove anos: Orientações gerais*. Uma tiragem de 20 mil exemplares desse documento, anexado ao presente relatório, será distribuída para os sistemas de ensino. Paralelamente, consolidou-se a versão preliminar do relatório intitulado *Ampliação do ensino fundamental para nove anos* — que constará como encarte do documento anteriormente mencionado.

REDEFINIÇÃO DO FINANCIAMENTO DA EDUCAÇÃO BÁSICA

A criação e a implantação do Fundeb, em substituição ao atual Fundef, têm como objetivos:

- Promover equalização da distribuição dos recursos da educação entre os estados e seus municípios.
- Reduzir desigualdades, com garantia de investimento mínimo que assegure qualidade do ensino.
- Universalizar o atendimento na educação básica.
- Valorizar os profissionais da educação e assegurar condições de garantia de piso salarial nacional para os trabalhadores da educação.

Para dar cumprimento a essa meta governamental, o MEC criou, em 29 de maio de 2003, por meio da Portaria nº 1.345, um grupo de trabalho com a incumbência de estudar e apresentar proposta de criação, regulamentação e implantação do Fundeb. A proposta original, apresentada pelo MEC, introduziu as seguintes mudanças básicas na atual estrutura do Fundef, chegando-se ao Fundeb:

- Ampliação do atendimento proporcionado pelo Fundef, incluindo, além do ensino fundamental, a educação infantil e o ensino médio, cobrindo, portanto, toda a educação básica.
- Promoção de ampla redistribuição dos recursos financeiros vinculados à educação básica, adotando como critério o número

de alunos matriculados no âmbito dos estados e municípios e a garantia de um investimento mínimo por aluno/ano, a ser fixado anualmente pela União, que assegure efetivas condições de se alcançar um adequado padrão de qualidade de ensino.
- Manutenção do mecanismo de equalização financeira, também existente no Fundef, gerando um efeito redistributivo positivo mais intenso, decorrente da transferência dos recursos em função do número de alunos atendidos na educação básica e não apenas no ensino fundamental.
- Elevação da participação financeira da União, em caráter complementar ao Fundeb e em montante superior à atualmente existente no Fundef, para se garantir a melhoria e a universalização do atendimento na educação básica e minimizar os efeitos da redução de receitas dos entes governamentais, principalmente estaduais, "transferidores" de recursos.
- Retirada do caráter de transitoriedade existente no artigo 60 do Ato das Disposições Constitucionais Transitórias, eliminando, por conseqüência, a subvinculação de recursos.

Em 16 de março de 2004, por meio da Portaria nº 648, foi instituído o Grupo Executivo Interno, incumbido de analisar a proposta de criação e implementação do Fundo de Manutenção e Desenvolvimento da Educação Básica (Fundeb), com o objetivo de realizar um conjunto de atividades, reuniões e audiências com autoridades e integrantes da sociedade civil, visando à concepção da proposta técnica desse fundo.

CONCLUSÃO

Para o atual governo, a educação pode e deve contribuir, efetivamente, para o desenvolvimento social e econômico. Afinal, ela constitui-se como um processo capaz de possibilitar, cotidianamente, às crianças e jovens brasileiros, o desenvolvimento de novas formas de compreender e de representar a realidade, bem como o desenvolvimento de novas relações com o mundo físico e social em que se inserem.

Nessa perspectiva, ao apostar na construção da qualidade social da educação brasileira, de fato, o governo aposta no devir de uma sociedade brasileira justa e inclusiva.

Enfim, aposta na possibilidade de que as escolas brasileiras busquem novos sentidos para sua prática cotidiana — sentidos capazes de contribuir para a transformação da sociedade brasileira.

A política de educação média e tecnológica

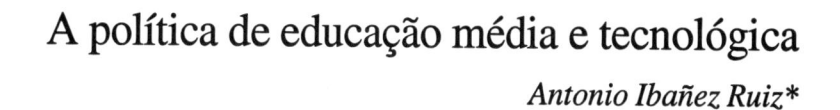

Antonio Ibañez Ruiz*

---
*Secretário de Educação Média e Tecnológica do MEC.

A SOCIEDADE DO CONHECIMENTO

Já se tornou lugar comum falar hoje da "sociedade do conhecimento". Os sentidos conferidos a esta expressão são os mais diversos, como, por exemplo, a aquisição de saberes em busca da capitalização de conquistas científicas e tecnológicas e o conseqüente treinamento do capital humano para desempenhar tarefas ditadas pelas exigências de novas qualificações.

Outro sentido seria considerar a sociedade do conhecimento como "um depósito" de coisas novas ou "um aglomerado" de informações, em forma de tecnologias avançadas ou de técnicas a demandarem mais intensivamente treinamentos em função de manipulações e de aplicações.

Essas interpretações distorcidas da sociedade do conhecimento apontam para cenários considerados como exclusivamente produtivos ou globalizados, no âmbito das estruturas do mundo moderno que planeja utilizar seus recursos humanos em benefício tão-somente de um fim lucrativo e de bens de mercado.

As questões essenciais são de outra ordem e não fogem às bases epistemológicas que ultrapassam os limites da produção, da renda e do mercado para se situarem no âmago da experiência e da existência. Antes dos paradigmas produtivos se alterarem, já havia sinais de mudanças profundas nos próprios alicerces do conhecimento científico, do processo de investigação e das relações entre as ciências e as técnicas.

A sociedade do conhecimento é a construção do futuro pelo presente que se situa nos espaços locais e regionais, como fiéis escudeiros dos determinismos estabelecidos *a priori*. É a história do saber que não se prende à relação de dominação do sujeito perante o objeto para obter um resultado de conhecimento, mas uma ação interativa que gera o próprio conhecimento.

A sociedade do conhecimento inclui também a apropriação do conhecimento tecnológico que passa pela experiência de trabalho significando criar e aprender como parte integrante do cotidiano dos cidadãos, seja no local de trabalho, seja no de ensino em seus vários níveis, graus e formas. Trabalho e educação exprimem, na verdade, elementos diferenciados, mas recorrentes, de produção, de acumulação do conhecimento teórico-prático, necessários ao indivíduo no seu relacionamento com a natureza, conforme seus interesses e necessidades, indispensáveis também à formação de sua cidadania plena.

Nesse contexto, o papel desempenhado pelos trabalhadores reveste-se da maior importância, pois, no seu local de trabalho, eles são convidados não apenas a fazer ou aplicar tecnologias, mas também a criar novos espaços para reinterpretá-las criticamente em função das exigências e demandas do mundo social no qual se inserem.

A EDUCAÇÃO PROFISSIONAL E TECNOLÓGICA NA SOCIEDADE DO CONHECIMENTO

A educação profissional e tecnológica reveste-se cada vez mais de importância como elemento estratégico para a construção da cidadania e para uma melhor inserção de jovens e trabalhadores na sociedade contemporânea, plena de grandes transformações e marcadamente tecnológica. Suas dimensões, quer em termos conceituais quer em suas práticas, são amplas e complexas, não se restringindo, portanto, a uma compreensão linear, que apenas treina o cidadão para a empregabilidade, e nem a uma visão reducionista, que objetiva simplesmente preparar o trabalhador para executar tarefas instrumentais.

No entanto, a questão fundamental da educação profissional e tecnológica envolve necessariamente o estreito vínculo com o contexto maior da educação circunscrita aos caminhos históricos percorridos por nossa sociedade.

Nesse âmbito, a educação profissional e tecnológica deverá ser concebida como um processo de construção social que ao mesmo tempo qualifique o cidadão e o eduque com bases científicas, bem como ético-políticas, para compreender a tecnologia como produção do ser social, que estabelece relações sócio-históricas e culturais de poder.

Dessa maneira, novas formas de relação entre conhecimento, produção e sociedade se constituem, face às transformações científicas e tecnológicas que afetam a vida social e produtiva.

Impõe-se, portanto, um novo princípio educativo que busque progressivamente afastar-se da separação entre as funções intelectuais e as técnicas, com vista a estruturar uma formação que unifique ciência, tecnologia e trabalho, bem como atividades intelectuais e instrumentais.

Neste contexto, infere-se que somente a formação profissional e tecnológica não é suficiente, pois o próprio capital moderno reconhece que os trabalhadores necessitam ter acesso à cultura sob todas as formas e, portanto, acesso à educação básica.

Exige-se, pois, a formação de caráter técnico-científico e sócio-histórico; a articulação entre os sistemas de ensino, as agências formadoras e o mundo do trabalho; o reconhecimento do saber que o trabalhador adquire no exercício da profissão, estabelecendo mecanismos para sua aceitação na escola e no trabalho, assim oferecendo-lhe condições de continuidade dos estudos, bem como de certificação formal.

Trata-se, portanto, de resgatar os fundamentos que irão vincular a educação profissional aos processos educativos. Sem a estreita ligação com a educação básica, a educação profissional sempre correrá o risco de se tornar mero fragmento de treinamento, em benefício exclusivamente do mercado e dos interesses isolados dos segmentos produtivos.

Nesse contexto, é oportuno recuperar o papel fundamental do ensino médio, qual seja, o de estabelecer a relação entre o conhecimento e a prática de trabalho. Trata-se de explicitar como o conhecimento (objeto específico do processo de ensino), isto é, como a ciência se converte em potência material no processo de produção. Tal explicitação deve envolver o domínio não apenas teórico mas também prático sobre o modo como o saber se articula com o processo produtivo.

O horizonte que deve nortear a organização da educação profissional e tecnológica, vinculada ao ensino médio, é o de propiciar aos alunos o domínio dos fundamentos científicos das técnicas diversificadas e utilizadas na produção, e não o simples adestramento em técnicas produtivas. Nessa perspectiva, não se poderá perder de vista que a educação profissional e tecnológica deverá se concentrar em modalidades fundamentais que dão base à multiplicidade de processos e técnicas de produção existentes.

No âmbito das definições que envolvem a educação profissional, é oportuno esclarecer as contribuições oferecidas pelas dimensões da educação tecnológica, que representam, sem dúvida, um avanço em termos conceituais, de práticas pedagógicas e produtivas.

O entendimento preliminar da educação tecnológica provém de uma concepção ampla e profunda da educação, que preencha os estágios formativos construídos nos processos básicos dos valores inerentes ao ser humano, privilegiando as vertentes da tecnologia pelo trabalho e da inovação tecnológica, bem como admitindo o trabalho como categoria de saber e de produção, que se organiza de maneira inovadora, provocando mudanças tecnológicas.

Trata-se, portanto, de uma concepção formadora que não admite aceitar a tecnologia (de trabalho ou de produção) como autônoma por si só e, conseqüentemente, não determinante dos resultados econômicos e sociais. Ela resulta do contrato historicamente engendrado nas relações sociais de conduzir o processo de produção da sociedade, de acordo com a forma e o rumo do desenvolvimento econômico então estabelecido. Desta forma, a tecnologia de produção e de trabalho tem a ver com as desigualdades entre indivíduos, classes, setores e regiões.

Na verdade, um dos objetivos primordiais da educação tecnológica consiste em permitir ao futuro profissional desenvolver uma visão social da evolução da tecnologia, das transformações oriundas do processo de inovação e das diferentes estratégias empregadas para conciliar os imperativos econômicos às condições da sociedade.

Assim, a percepção da educação tecnológica passa pelo entendimento da tecnologia como processo educativo que se situa no interior da inteligência das técnicas para gerá-las de outra forma e adaptá-las às peculiaridades das regiões e às novas condições da sociedade.

As práticas da educação tecnológica, por seu turno, conduzirão aos caminhos da inovação no sentido específico de despertar a consciência de agentes de inovação tecnológica, buscando entender seus papéis e funções na sociedade por meio das relações de produção que são estabelecidas. Esta dimensão conduzirá o aluno, o professor e o trabalhador a perceberem mais nitidamente os complexos científico-tecnológicos em sua interação com a economia e a sociedade, bem como situá-los como intérpretes desta realidade, em busca de uma linguagem nova, dinâmica e construtiva.

É importante ainda destacar que a educação tecnológica transcende os conteúdos fragmentários e pontuais de ensino, aprendizagem e treinamento para integração renovada do saber pelo fazer, do repensar o saber e o fazer, enquanto objetos permanentes da ação e da reflexão crítica sobre a ação.

Enfim, é oportuno reconhecer que os parâmetros que definem a educação profissional e tecnológica no Brasil ainda estão alicerçados na velha economia industrial e não na economia do conhecimento. É preciso buscar a produção, a mediação e o uso do conhecimento e não somente os indicadores industriais. Ademais, sabe-se que a economia mundial e também a brasileira caminham para o reforço dos segmentos de serviços e de agronegócios, tendendo a ser reduzido o trabalho com características da indústria tradicional, o qual vem sendo substituído pelas máquinas.

Dessa maneira, é fundamental ampliar o nível de escolaridade como condição essencial para renovar e expandir a educação profissional e tecnológica, bem como desenvolver a cultura da aprendizagem: aprender, desaprender e reaprender. Assim, alguns cenários devem nortear as ações, como: estímulo à aprendizagem ao longo da vida, desenvolvimento de novas abordagens de ensino e aprendizagem pela amplitude de capacidades e interesses e crédito às reais competências que os indivíduos adquirem a partir do trabalho e da aprendizagem informal.

POLÍTICAS PÚBLICAS PARA O ENSINO MÉDIO

É difícil acreditar que seja possível a existência de uma economia de conhecimento num país, como é o caso do Brasil, em que 80% da população têm menos de 11 anos de escolaridade (Anuário do Trabalhador de 2001, do Dieese), isto é, não possui o ensino médio. No entanto, é também difícil de acreditar que não exista economia de conhecimento num país que forma em torno de seis mil doutores por ano e tem uma pós-graduação muito bem estruturada. Afinal de contas, que país é este? É o país de uma elite muito bem preparada, que sempre o governou e não se preocupou em oferecer condições ao resto da população para ter um desenvolvimento harmônico e equilibrado, isto é, justo e democrático. Há uma percepção clara de que a elite, sozinha, não conseguirá implementar um projeto de desenvolvimento sustentável para o país. O déficit educacional, o excesso de violência, a pobreza e a marginalidade são sérios entraves para poder garantir o embarque do Brasil em direção a um novo padrão de desenvolvimento sustentado. Padrão este que deve incluir todas as classes sociais e que posicione o país, com uma interação soberana, no patamar de parceiro dos outros países, dentro de uma globalização que não pode ser só econômica e comercial, mas sim de uma globalização que caminhe para uma melhoria contínua de qualidade de vida social e cultural.

No caso da educação e, mais especificamente, do ensino médio e tecnológico, é necessário cuidar de três fatores: da expansão, da qualidade e da inclusão. Se qualquer uma destas hastes do tripé falhar, estaremos definitivamente perdendo o rumo do desenvolvimento desejado.

A expansão será garantida pelo financiamento estável para o ensino médio, que passa pelo novo padrão de investimento público da educação com a criação do Fundo de Educação Básica, sobre o qual o ministro já falou.

A melhoria da qualidade passa, garantido o financiamento, pela oferta de educação continuada para todos os profissionais de acordo com diretrizes e orientações estabelecidas entre estados e a União, como é o caso do programa Pro-Ifem, Programa de Incentivo à Formação Continuada de Professores de Ensino Médio, prioritariamente para as ciências, já em andamento e com recursos financeiros da União, dos estados e do BID e que conta com a participação de instituições de educação superior na elaboração dos projetos.

A distribuição de material didático para os alunos de ensino médio é outra ação imprescindível para poder melhorar a qualidade. Neste caso, a distribuição de livros de português e matemática estará acontecendo no início de 2005, pela primeira vez, desde a existência do Programa de Distribuição de Livro Didático.

O baixo aproveitamento das crianças e jovens em ciências merece um tratamento específico. Para isto, todos os programas desenvolvidos na secretaria e com outros parceiros, tais como a Secretaria de Educação a Distância e o Ministério da Ciência e Tecnologia, tem como base a Educação para a Ciência.

Todo o esforço para a melhoria da qualidade será desperdiçado caso não haja solução para equacionar o maior dos problemas, que não é recente e não pode ser encarado como um problema só da educação, qual seja, a falta de professores de física, química, matemática e biologia. Já hoje, outras áreas também estão em falta, tais como geografia, espanhol e inglês, principalmente. A integração das diversas secretarias do MEC — Sesu/Seed, do MCT, do Congresso Nacional, dos estados e das universidades tem que dar conta de chegar a uma forma de equacionar este grave problema que passa também pela criação do Fundo da Educação Básica, pois propõe um piso salarial para todos os profissionais.

Mas o salário não será a única forma de atrair profissionais para as licenciaturas. Será necessária a existência de motivação e incentivos para que haja um maior interesse de jovens profissionais para esta nobre e grandiosa carreira. A motivação e o incentivo estão associados ao crescimento pessoal e profissional. Por isto, é estratégica a criação de um órgão que cuide, em nível de estado, e não só de governo federal, de um plano nacional de formação e valorização dos profissionais de ensino médio, num modelo semelhante ao criado pela Capes para o ensino superior. Já houve avanço neste sentido, quando da criação da Comissão de Aperfeiçoamento dos Professores de Ensino Médio e Profissional (Capemp). É necessária a sua consolidação.

Antes de apresentar as ações visando à inclusão dos jovens no sistema educacional, é necessário lembrar alguns dados estatísticas para perceber a gravidade da situação enfrentada pela juventude brasileira.

Dos 33,4 milhões de jovens de 15 a 24 anos, conforme Pesquisa Nacional por Amostra de Domicílios (Pnad) em 2002:

- 1,2 milhão (9,8%) era de analfabetos.
- 12,9 milhões (39%) não tinham concluído o ensino fundamental.
- Somente 6,6 milhões (19,8%) tinham concluído o ensino médio.
- Apenas 16,2 milhões estavam freqüentando a escola e, destes:
  — 5,6 milhões (34,3%) estavam cursando o ensino fundamental regular.
  — 7 milhões (43,2%) estavam cursando o ensino médio regular.
  — 3% estavam cursando o supletivo do ensino fundamental e 2% o supletivo do ensino médio.
  — Dos 17,2 milhões que não freqüentavam a escola, 7,2 milhões (42%) não tinham concluído o ensino fundamental e apenas 5,3 milhões (31,2%) tinham concluído o ensino médio.

Estes dados demonstram a tragédia atual e futura destes jovens que não obtiveram o certificado do ensino médio e que, portanto, a maioria deles está "condenada" ao trabalho informal ou a engrossar as listas de desempregados.

Uma alternativa para os jovens que concluem o ensino médio e não entram na universidade é a oferta de ensino médio integrado com educação profissional, desde o início da 1ª série. Esta alternativa, que é uma opção — feita a exceção da grande maioria das antigas escolas técnicas, da rede federal e de algumas estaduais —, não pode ser confundida com o antigo ensino médio profissionalizante, de baixíssima qualidade, que era ofertado em geral pelos sistemas educacionais. A opção a ser ofertada terá que ser feita baseada nas Diretrizes Curriculares Nacionais, a serem construídas, e nas Diretrizes Operacionais para sua implantação.

Só desta forma poderemos garantir melhores condições de enfrentar o mundo do trabalho aos que enfrentam o vestibular sem sucesso. Em 2002, segundo o Inep/MEC, para aproximadamente cinco milhões de candidatos a vagas presenciais nas instituições de educação superior, somente ingressou cerca de 1,2 milhão de alunos, isto é, de cada cinco candidatos, só um se torna freqüentador de um curso de graduação. Os outros quatro vão enfrentar o mundo do trabalho, sem muito sucesso, ou se candidatar a um curso técnico de nível médio. Neste caso, enfrenta-se uma grande concorrência, pois o mínimo de matrículas, hoje, nos cursos técnicos públicos e privados, é de 600 mil, aproximadamente, e o número de jovens que saem da terceira série do ensino médio é da ordem de dois milhões de jovens.

Os números de jovens que são certificados no ensino médio, confrontados com as matrículas dos centros que oferecem habilitação profissional, em nível médio, chama a atenção para a necessidade de uma expansão que dê conta desta inclusão social de jovens, antes que se afastem da escola e se tornem desempregados.

POLÍTICAS PÚBLICAS PARA A EDUCAÇÃO PROFISSIONAL E TECNOLÓGICA

O Estado não é o único responsável pela execução da educação profissional e tecnológica. Todavia, sua concepção, seu acompanhamento e controle devem ser objeto de uma política pública, sujeitos à deliberação do Legislativo e ao controle social, dotados de recursos orçamentários e garantia de continuidade, integrando-os à educação básica e aos conhecimentos específicos para o adequado exercício profissional.

Ademais, a educação profissional e tecnológica é parte do processo integral de formação dos trabalhadores e, portanto, deve ser compreendida como uma política pública e estratégica. No entanto, diferentes sujeitos sociais têm interesses específicos na formação para o trabalho. Além dos trabalhadores, que deveriam ser os principais sujeitos envolvidos na concepção e planejamento da educação profissional e tecnológica, os sindicatos, os empresários, a iniciativa privada em matéria educacional, o segmento comunitário (associação de moradores, associações religiosas e beneficentes, organizações não-governamentais) são outros tantos sujeitos sociais interessados.

No que tange especificamente à educação profissional e tecnológica, segundo dados do Censo de Educação Profissional (MEC/Inep, 2003), a rede é composta de 2.789 instituições de ensino, sendo 67,3% mantidas pelo setor privado e 32,7% pelo setor público. O setor privado compreende diferentes tipos de entidade: o Sistema S, as entidades de ensino profissional livre e as organizações da sociedade civil, como sindicatos de trabalhadores, de empresários, ONGs, associações comunitárias leigas ou confessionais. O setor público é composto da rede de escolas técnicas mantidas pelas três esferas jurídico-administrativas — federal, estadual e municipal.

Por esse mesmo censo, as instituições de educação profissional detêm aproximadamente 600 mil alunos, com 55,1% nas instituições privadas e 44,9% na rede pública de ensino.

Nesse sentido, é oportuno mencionar o documento elaborado pela Secretaria de Ensino Médio e Tecnológico (Semtec), prestes a ser lançado, intitulado *Políticas públicas para a educação profissional e tecnológica*, que adquire importância estratégica de longo alcance, não só para orientar as ações promovidas pela secretaria do MEC mas também para estimular e coordenar ações de governo.

O mencionado documento teve o cuidado de resgatar as concepções e princípios gerais que deverão nortear a educação profissional e tecnológica, baseados no compromisso com a redução das desigualdades sociais, o desenvolvimento socioeconômico, a vinculação à educação básica e a uma escola pública de qualidade.

Além dos princípios acima referidos, esta educação está alicerçada em alguns pressupostos como integração ao mundo do trabalho, interação com outras políticas públicas, recuperação do poder normativo da LDB, reestruturação do sistema público de ensino médio técnico e compromisso com a formação e valorização dos profissionais de educação profissional e tecnológica.

Dessa forma, seu conteúdo principal concentra-se na definição de linhas estratégicas, que se constituem num arcabouço político que irá desencadear uma série de ações em benefício da formação profissional e tecnológica no país.

Questões centrais são analisadas e caminhos são propostos no que tange à sua organização, financiamento, competências e responsabilidades, formação de docentes, certificação, gestão e avaliação.

LINHAS ESTRATÉGICAS EM DESTAQUE

Algumas linhas estratégicas são aqui definidas com indicativos para o desenvolvimento de ações concretas. É oportuno esclarecer que as referidas linhas estão alicerçadas no Plano Plurianual (PPA) 2004-2007 do governo federal, plano este que busca a construção de um novo ciclo de desenvolvimento para o país. Como se sabe, o PPA articula-se em torno de três grandes objetivos: inclusão social e redução das desigualdades sociais; crescimento com geração de trabalho, emprego e renda, ambientalmente sustentável e redutor de desigualdades; promoção e expansão da cidadania e fortalecimento da democracia.

1) No âmbito das políticas públicas:

- Interagir com os vários segmentos da sociedade por meio do Fórum Nacional de Educação Profissional e Tecnológica, já constituído, ouvindo trabalhadores, representantes de empresas, instituições públicas e privadas, organizações sindicais e não-governamentais, com vista a oferecer subsídios permanentemente e a renovar as políticas específicas para a educação profissional e tecnológica.
- Interagir com as Secretarias de Educação dos estados e dos municípios no sentido de incentivar e apoiar a criação e expansão de centros de educação profissional e tecnológica, em vários níveis e explorando modalidades diversificadas, com vista a incluir socialmente os marginalizados da escola e do acesso aos conhecimentos tecnológicos.
- Elaborar e propor ao Legislativo instrumentos jurídico-normativos que incorporem os princípios, fundamentos, definições e políticas com vista a desencadear ações normativas e consistentes na área da educação profissional e tecnológica.

2) No campo da articulação entre os diversos níveis educacionais e esferas governamentais:

- Promover ação coordenada de articulação com as escolas públicas e privadas comprometidas com a educação profissional e tecnológica.
- Articular-se com os ministérios que atuam na profissionalização e geração de emprego e renda.
- Promover especial articulação com o Ministério do Trabalho e Emprego, Secretarias da Educação e Trabalho dos estados.

- No que tange ao Ministério do Trabalho e Emprego, dentre outras ações, promover uma efetiva articulação com o Plano Nacional de Qualificação (PNQ), que se constitui no instrumento do governo federal para qualificar social e profissionalmente os trabalhadores.
- Com relação ao Ministério do Desenvolvimento, Indústria e Comércio Exterior, promover uma estreita articulação, sobretudo com a política industrial, que visa a melhorar a eficiência da estrutura produtiva, ao aumento da capacidade de inovação da empresa e à expansão das exportações. Neste particular, algumas ações merecem destaque:
  — revigoramento da rede brasileira de metrologia;
  — certificação florestal;
  — certificação de produtos;
  — metrologia de materiais;
  — formação de recursos humanos para a microeletrônica;
  — produção de *chips* e microchips;
  — *softwares* e serviços;
  — geração de negócios;
  — inclusão digital das micro e pequenas empresas;
  — máquinas e equipamentos;
  — hemoderivados e produção de medicamentos;
  — inovação tecnológica em arranjos produtivos locais;
  — eixos — inovação e desenvolvimento tecnológicos;
  — opções — semicondutores, *softwares*, bens de capital; fármacos e medicamentos;
  — futuro — biotecnologia, nanotecnologia e biomassa.
- No que diz respeito ao Ministério da Ciência e Tecnologia, a articulação deve merecer especial atenção para os seguintes programas:
  — Programa de Tecnologia Industrial Básica e Serviços Tecnológicos — TIB;

— Programa Brasileiro de Qualidade e Produtividade — PBQP;
— Programa Nacional de Apoio a Incubadoras de Empresas — PGTec;
— Programa Brasileiro de Design — PBD;
— Programa de Apoio Tecnológico à Exportação — Progex (micros e pequenas empresas);
— Programa de Capacitação de Recursos Humanos para Atividades Estratégicas — RHAE;
— Fundos Setoriais.
- No que tange ao Ministério do Desenvolvimento Agrário, interagir particularmente com o Programa Nacional de Fortalecimento da Agricultura Familiar (Pronaf), com as ações que envolvem o agronegócio e com os programas e projetos da Embrapa, como:
— alimentos seguros — PAS;
— mobilização;
— plantio direto;
— Embrapa no Fome Zero.

Além da participação da Embrapa, é importante manter a articulação com as Ematers dos estados. Tais ações devem envolver as escolas agrotécnicas federais, estaduais e municipais.

3) Com relação à organização da educação profissional e tecnológica:

- Criar o Subsistema Nacional de Educação Profissional e Tecnológica, vinculado ao Sistema Nacional de Educação, como instrumento de política pública, estratégica e de Estado.
- Dinamizar a rede de educação tecnológica, constituída pelos Centros Federais de Educação Tecnológica, escolas técnicas e agrotécnicas federais, escolas técnicas e agrotécnicas vinculadas às universidades federais, instituições que ministram tradi-

cionalmente o ensino técnico, vinculadas ou subordinadas ao Ministério da Educação e às redes congêneres dos estados, municípios e Distrito Federal, bem como instituições privadas organizadas sob forma de centros tecnológicos, visando permitir uma melhor articulação entre as instituições.
- Apoiar os Centros Federais de Educação Tecnológica no sentido de que se tornem progressivamente núcleos de articulação com as Secretarias de Educação de seus respectivos estados e com outros centros tecnológicos da região, com vista a fortalecer e difundir a compreensão da educação profissional e tecnológica, bem como a expandir as experiências inovadoras.
- Articular-se em especial com o Sistema S, que tem contribuição compulsória do fundo público, no sentido de ampliar a discussão sobre o papel do Estado e da sociedade nessa rede, bem como sua função social.

4) No âmbito do financiamento:

- Mobilizar esforços para a criação do Fundo Nacional de Desenvolvimento da Educação Profissional e Tecnológica (Fundep), constituído pela manutenção das atuais fontes de financiamento e criação de outras extraídas de fundos e programas já existentes (ex.: setoriais, exportação, BNDES etc.).
- Estabelecer uma política de gestão democrática e transparente dos recursos públicos destinados à educação profissional e tecnológica.
- Definir mecanismos de acompanhamento na aplicação dos recursos públicos nas diversas instâncias do poder público, nas instituições privadas e nas comunitárias.

5) No que tange à formação de docentes:

- Efetivar um programa nacional de capacitação de docentes em parceria com os estados, inclusive utilizando a educação a distância.

- Rever as licenciaturas em condições de se adaptarem ao perfil da educação profissional e tecnológica.
- Adotar medidas que beneficiem a estrutura da carreira, remuneração e valorização dos professores de educação profissional e tecnológica, bem como medidas que concretizem a abertura de concursos públicos.
- Incentivar a pós-graduação e, para tanto, desenvolver um Programa Institucional de Capacitação Docente e Técnica (PICDT) para a educação profissional e tecnológica.

6) No âmbito da certificação de conhecimentos e de competências:

- Implementar a certificação profissional como reconhecimento de conhecimentos e saberes, admitindo que não é tarefa exclusiva da escola, mas também de docentes e discentes jovens e adultos trabalhadores, em estreita articulação com o Ministério do Trabalho e Emprego.
- Desenvolver a certificação profissional reconhecendo que mais da metade dos trabalhadores está na informalidade e que a situação de baixa escolaridade média é uma realidade indiscutível.
- Adotar medidas que assegurem ao trabalhador a possibilidade de construir seu próprio itinerário formativo e que permitam o trânsito entre a escolaridade formal e a qualificação profissional.

7) Com relação à gestão democrática:

- Incentivar a construção de mecanismos de gestão democrática em todas as instituições.
- Assegurar mecanismos de gestão democrática por meio da eleição direta de dirigentes, da composição paritária dos conselhos escolares.
- Reavaliar os mecanismos autoritários estabelecidos nas escolas e entre as escolas e o governo no âmbito dos instrumentos legais e administrativos existentes.

8) No âmbito da avaliação:

- Criar uma instância própria de avaliação permanente da educação profissional e tecnológica.
- Rever os indicadores de avaliação quantitativa e qualitativa.
- Apoiar e integrar os sistemas de informação de cada rede num sistema maior para que os dados possam ser cruzados, somados e disponibilizados para orientar a elaboração de projetos e revitalizar a educação profissional e tecnológica.

CONCLUSÃO

Finalmente, o esforço do Ministério da Educação, por meio da Secretaria de Educação Profissional e Tecnológica (Setec), em elaborar políticas públicas para a educação profissional e tecnológica e definir estratégias foi assinalado pelo empenho de efetivar ações que redundem em benefício do cidadão brasileiro, destinatário último dos direitos de uma educação de qualidade, igual para todos, bem como de uma educação profissional e tecnológica formadora de cidadãos conscientes e críticos para construir o desenvolvimento social que desejamos.

Reforma e reinstitucionalização da universidade

*Nelson Maculan**

---
*Secretário de Educação Superior do MEC.

INTRODUÇÃO

Até recentemente, a universidade era a instituição central no processo de produção e disseminação do conhecimento. Esse protagonismo sobreviveu, não sem ranhuras, a uma série de mudanças: à modernização da produção industrial, às grandes guerras, ao surgimento e ao desaparecimento de nações, ao desenvolvimento científico e tecnológico. A era da informação e a difusão do uso de tecnologias em casa, na rua, no trabalho e nos ambientes de lazer trouxe novas perspectivas sobre o que é aprender e o ambiente onde este aprendizado deve ter lugar.

A universidade, ao longo da história, reinventou-se muitas vezes, e da unidade simples de seus primórdios transformou-se em uma instituição complexa, fortalecendo-se como instância de referência em que uma sociedade busca construir o novo e o melhor para o seu desenvolvimento. A complexidade trouxe consigo lutas internas, doses de corporativismo, dificuldades na gestão e limitações financeiras e, além disso, a universidade vê-se, agora, desafiada a aprofundar e requalificar seu papel em relação a ensino, pesquisa, extensão, inovação tecnológica, cultura e desenvolvimento local sustentável, políticas públicas, responsabilidade social e solidariedade, inclusão social e cidadania, entre outros aspectos. As demandas oriundas de variados atores se justificariam porque a sociedade não considera que a universidade esteja inserida no "novo mundo".

A sensação avassaladora de fragmentação, de *apartheid* está presente na relação universidade-sociedade.

O entendimento de que há uma "crise da universidade" não é uma unanimidade. A idéia de crise está associada a mudança, a transformação. E isto, reafirmo, tem sido o dia-a-dia das universidades há séculos: transformar-se e adaptar-se ao mundo que se move, à roda da história que gira.

A novidade, portanto, é que, hoje, não é apenas a vontade própria e natural de mudar ou as demandas internas que pautam as discussões da reforma da universidade. O ator principal dos fatos que se encenam neste começo de século é a sociedade. É ela que exige novos comportamentos, novas perspectivas, novas mentalidades, reconstrução de paradigmas. É a sociedade que exige novas possibilidades de interagir com o mundo universitário.

A crise da universidade, ou qualquer que seja o nome que se dê ao momento que vivemos, vai além da questão do financiamento, foco no qual se concentra a maioria das discussões levadas a cabo pela mídia impressa e eletrônica. Na verdade, ela está umbilicalmente vinculada à reconstrução do seu papel como instituição do século XXI. Isto significa, entre outras coisas, encontrar o caminho do meio no qual a universidade exerce e estimula ações/projetos de responsabilidade social, atenta às prioridades das políticas públicas e às necessidades da comunidade, mas ela não está ocupada com ações puramente assistencialistas ou caritativas. Esta última opção empobreceria o conteúdo renovador e potencialmente revolucionário da universidade e, portanto, acredito que não seja este o rumo desejado para a universidade brasileira.

O MEC E A REFORMA DA UNIVERSIDADE

O papel das instituições de ensino superior é um dos pontos definidos pelo Ministério da Educação para compor a agenda da reforma da universidade. Os demais são a autonomia universitária, o financiamento, o acesso e a permanência nos cursos, gestão e estrutura, avaliação, e programas e conteúdos.

A proposta que o MEC vem levando a cabo é discutir esses itens com os segmentos representativos da comunidade acadêmica e da sociedade civil para identificar pontos de convergência e de divergência. Pretende-se concluir até novembro o projeto da lei orgânica do ensino superior, a ser encaminhado para apreciação do Congresso Nacional. Num escopo mais amplo, seu intuito é propor uma nova universidade, que exprima e reflita o projeto de nação que desejamos implementar. De um ponto de vista mais estrito, almeja-se reordenar as relações entre o público e o privado no setor de educação superior, fortalecendo e requalificando a universidade pública para que ela permaneça como o *locus* de referência do sistema, ao mesmo tempo em que se aperfeiçoam os instrumentos de regulação do segmento privado, a fim de que a expansão quantitativa seja paralela à melhoria da qualidade do ensino oferecido.

A lei orgânica não será a reforma em si, na verdade, ela deverá desencadear um conjunto de movimentos que, partindo do poder Executivo e enriquecido pelas contribuições do Congresso Nacional e dos demais atores sociais, deverá reformular gradativamente esse nível de ensino, na medida em que as condições de financiamento permitirem. Vale ressaltar também que há um compromisso do governo de que esta seja uma reestruturação do ensino superior e não "da universidade".

O ponto de partida adotado pelo Ministério da Educação foi buscar um consenso mínimo na esfera social e política acerca das propostas já existentes. Para isso estão sendo organizados, desde março de 2004, uma série de colóquios, oitivas e palestras, nos quais especialistas e representantes de instituições do setor estão sendo ouvidos por uma comissão executiva. As idéias e resultados decorrentes são sistematizados e divulgados para toda a sociedade, alimentando o debate público e subsidiando o MEC na formulação de políticas inovadoras e consistentes, articuladas para garantir o equilíbrio do nosso sistema misto de ensino superior.

Um dos pontos nevrálgicos da reforma é, por certo, o ensino superior público, mas um dos consensos já identificados é que pensá-lo desarticulado das ações de melhoria do ensino básico não produzirá uma universidade mais eficiente. Afigura-se como iniciativa mais premente propiciar uma melhor formação aos profissionais docentes que atuam nos níveis básicos, e esta, como se sabe, constitui uma das atribuições do sistema de ensino superior. Fica explícito, então, que planejar o futuro da universidade sem garantir os pressupostos da universalização e qualificação da educação infantil, fundamental e média, é assegurar um sistema nacional de educação capenga e fragilizado.

O dilema que se apresenta ao Estado brasileiro, como a muitos outros, é que as demandas se acumulam, sem respeito ao tempo e ao espaço político e econômico para sua assunção. E, mais uma vez, a novidade é alentadora. O crescimento do número de concluintes do ensino médio, a pressão de grupos excluídos socialmente, como os povos indígenas, os negros e afro-descendentes para ter acesso ao ensino superior, o pleito de deficientes a respeito das condições de acessibilidade física e pedagógica nas instituições de ensino, enfim, refletem o vigor da sociedade civil em reagir às condições adversas a que freqüentemente é submetida para exercer sua cidadania.

A educação está inscrita como direito na Constituição da República e na pauta internacional da Organização das Nações Unidas para a Educação, a Ciência e a Cultura — Unesco. Nada mais natural, portanto, que sejam formuladas políticas de Estado — e não apenas de governo — para estabelecer conexões entre os diferentes níveis de ensino e entre os diversos entes institucionais, bem como para incluir esses segmentos sociais.

A reconstrução da relação público-privado é parte desse caminho e o Programa Universidade para Todos é uma das conexões idealizadas para absorver uma parte dessas demandas. Trata-se de tornar públicas vagas privadas para enfrentar, ainda que parcialmente, o problema da limitação do acesso ao ensino superior e garantir mais igualdade de oportunidades para a população.

O interesse público está indelevelmente ligado, na história republicana nacional, ao caráter estatal de projetos e ações. De outro lado, o avanço da ideologia liberal associou a idéia das iniciativas de caráter privado à exploração lucrativa e à reprodução de privilégios. Hoje, despojados de alguns estereótipos e com certas garantias acerca das tradições democráticas, é possível evoluir nessa interpretação. De fato, evidencia-se a falta de sentido público da universidade "estatal" brasileira sempre que vêm à baila as discussões sobre sua elevada capacidade de reproduzir o fosso social que separa ricos e pobres no país, incluindo todas as minorias (deficiente, negros, índios etc.). Incluir, portanto, é um dever da universidade brasileira, seja por um sentido de reparação histórica, seja porque acreditamos que educação é fator de desenvolvimento e mobilidade social e elemento basilar de um verdadeiro projeto de nação.

Neste sentido, há duas iniciativas do MEC em construção: o Programa Universidade para Todos e a política de cotas ou de discriminação positiva, que também estão em discussão no bojo da reforma. A primeira iniciativa deverá fazer com que instituições de ensino superior privadas que detêm o título de filantrópicas apliquem o percentual de 20% que a lei define como gratuidade obrigatória em bolsas de estudo e de outro lado permitirá que aquelas entidades com fins lucrativos também participem do programa, disponibilizando 10% de suas vagas para alunos carentes em troca de algumas isenções fiscais.

Com relação à questão das cotas, a idéia do MEC é propor uma norma genérica e abrangente, que permita às instituições federais de ensino superior se adequarem conforme as demandas da região e suas peculiaridades organizacionais. O respeito à diversidade dar-se-á, assim, não só no que diz respeito à existência de grupos sociais minoritários, mas também na sua distribuição geográfica por um país de dimensão continental e formação étnica diferenciada. Há, no que diz respeito às cotas, a conscientização de que sua adoção será sucedida por um período de adaptação em que provavelmente será gerado um conjunto de contenciosos judiciais sobre o tema. Cabe ao governo decidir-se pela coragem política de assumi-las como um processo natural. Vale destacar que algumas universidades federais, como a

Universidade de Brasília e a Federal da Bahia, saíram na frente e já implantaram cotas raciais em seus exames de seleção.

Essas medidas tratam apenas de uma parte, ainda que extremamente relevante, da questão do acesso ao mundo universitário, cujo enfrentamento é inadiável. A reforma ora em discussão tem o dever de pensar o futuro para garantir oportunidades iguais a toda a população. Isto significa ampliar e requalificar o sistema público e regular o setor privado de modo que ele cumpra com qualidade seu papel complementar.

REINSTITUCIONALIZAÇÃO DA UNIVERSIDADE BRASILEIRA

Dos países latino-americanos, o Brasil apresenta um dos índices mais baixos de acesso à educação superior na faixa etária adequada, somadas as matrículas públicas e privadas. O percentual de menos de 9% nos coloca em posição desfavorável frente a vários países latino-americanos. Um estudo de Porto & Régnier mostra que as matrículas nos níveis pós-secundário experimentaram um enorme crescimento, dobrando no período de 1975-1995, de 40 para 80 milhões de pessoas. O caso mais emblemático é o da Ásia Oriental, que ultrapassou a taxa de 100% no acréscimo de matrículas.[1]

A constatação da Unesco é que

> A experiência comum de numerosos países é que o ensino superior não é mais uma pequena parcela especializada ou esotérica da vida de um país. Ele se encontra no próprio coração das atividades da sociedade, é um elemento do bem-estar econômico de um país ou região, um parceiro estratégico do setor do comércio e da indústria, dos poderes públicos, assim como das organizações internacionais.[2]

---

[1]Porto, Cláudio & Régnier, Karla. *O ensino superior no mundo e no Brasil: Condicionantes, tendências e cenários para o horizonte 2003-2005 — Uma abordagem exploratória.*
[2]Unesco — "O ensino superior no século XXI: Visão e ações — Documento de trabalho, outubro de 1998". In: *Tendências da educação superior para o século XXI.* Brasília: Unesco/CRUB, 1999, p. 246.

A massificação dos sistemas de ensino superior é decorrência de um conjunto de fenômenos sociais. A universalização do acesso à educação básica passou a gerar um maior número de concluintes no ensino médio, houve uma rápida transformação de tradicionais carreiras e a criação de novas ocupações profissionais, há premente necessidade de aquisição permanente de competências para enfrentar um mercado de trabalho em retração de número de postos oferecidos e, além disso, propagam-se as facilidades de comunicação pelo progresso tecnológico, viabilizando as oportunidades de educação a distância e educação continuada. Grosso modo, são esses os elementos fundamentais para o entendimento dessa massificação. Ademais, a questão cultural aliou ao que já foi descrito a valorização da educação como forma de ascensão social e da "posse" do conhecimento como instrumento de poder e representação do cidadão em sua vida pública.

Hoje, a aspiração por um diploma de nível superior é maior que no passado, em todas as classes sociais, mas já há um sentimento de que o processo educacional do indivíduo não termina ao obtê-lo. A educação passa a ser incorporada como uma atividade permanente, especialmente do ponto de vista de aperfeiçoamento e requalificação profissional. Assim, a universidade ultrapassa seu papel de formação humanística e profissional em determinado ponto da vida de um indivíduo e vê seu papel perenizado como espaço de reflexão, pesquisa e aprendizado, no qual há um intercâmbio de conhecimentos. Uma via de mão dupla onde circulam os saberes populares e científicos.

Tudo isto, obviamente, implica reestruturar a universidade para que receba essas múltiplas demandas e consiga lhes dar acolhida e tratamento adequados. A diversificação da estrutura da educação superior, com a criação de cursos seqüenciais e mestrados profissionalizantes, bem como a expansão da educação a distância, já é o início de uma resposta a essas demandas. A reforma da universidade deverá ajudar as instituições a replanejarem suas estratégias, revendo inclusive seus modelos organizacionais. Ganha fôlego a discussão sobre a criação de centros de estudos e pesquisas transdisciplinares para substituir a organização em departamentos.

A carência de vagas em universidades públicas tem levado um número crescente de brasileiros a buscarem formação no exterior, fundamentalmente em países vizinhos. Isto nos leva a mais questões: a portabilidade de créditos, a revalidação de diplomas, a negociação de acordos internacionais de equivalência de estudos e a globalização do ensino com a transnacionalização de instituições de educação superior.

Apesar da multiplicidade de temas com um verniz de pós-modernidade, fundamentalmente, o problema original da democratização do acesso persistirá se não houver expansão de oferta no setor público. O Plano Nacional de Educação insta o poder público a prover, até 2010, oferta de educação superior para pelo menos 30% da faixa etária de 18 a 24 anos. Esta é uma determinação a ser cumprida pelo Estado brasileiro.

Pretende-se estabelecer diretrizes para que a expansão da oferta se dê de modo a atender determinadas demandas sociais. No segmento público, significa levar a universidade aonde há poucas ou nenhuma instituição de educação superior. De outro lado, a complementação da oferta educacional proporcionada pelo setor privado seria fortalecida com o lançamento de editais, nos quais o Estado, respeitando o artigo 209 da Constituição Federal, que prevê um sistema de ensino misto, livre à iniciativa privada, ativaria o mercado oferecendo alguns benefícios para as instituições que desejassem instalar cursos específicos em regiões definidas pelo Estado.

A expansão quantitativa nos remete ao valor de uma avaliação precisa e consistente do sistema brasileiro de educação superior para assegurar qualidade aos cursos ministrados por entidades públicas e privadas. O Congresso Nacional aprovou, neste ano de 2004, o novo Sistema Nacional de Avaliação e Progresso do Ensino Superior, o Sinaes, cujos três componentes principais são: avaliação das instituições, dos cursos de graduação e do desempenho dos estudantes. A partir do resultado desse conjunto de avaliações, será possível traçar um panorama da qualidade dos cursos e instituições de educação superior no país.

O novo modelo de avaliação das instituições tem como base a avaliação externa *in loco*, realizada por uma comissão de especialistas, e a auto-avaliação institucional orientada, feita pelos próprios estabelecimentos de ensino. Além disso, seus pressupostos são o respeito à identidade e à diversidade de instituições e cursos e a participação dos corpos discente, docente e técnico-administrativo no processo de avaliação. Uma inovação importante é a valorização da responsabilidade social da entidade, no que se refere à sua contribuição para a inclusão social, ao desenvolvimento econômico e social, à defesa do meio ambiente, da memória cultural, da produção artística e do patrimônio cultural. Não se trata de responsabilizar uma instituição de ensino superior pelo encaminhamento ou resolução de problemas sociais, mas de considerar, no processo de regulação exercido pelo Estado, o esforço e o papel que a entidade desempenha frente a questões de grande interesse para a sociedade. Mais do que o valor intrínseco da ação, ela constitui um bom indicador do grau de interface com atores extramuros universitários.

A qualidade dos cursos de graduação será verificada por meio da Avaliação das Condições de Ensino (ACE), realizada mediante visitas de comissões de especialistas das respectivas áreas do conhecimento. Este instrumento já é utilizado pelo MEC e será apenas aperfeiçoado, refletindo informações relativas ao perfil do corpo docente, às instalações físicas e à organização didático-pedagógica.

Já o desempenho dos estudantes será verificado a partir da aplicação do Exame Nacional de Desempenho dos Estudantes (Enade), em dois momentos do percurso acadêmico do estudante: no primeiro e no último ano. A prova será feita por amostragem, a cada três anos, e deverá revelar o aporte feito pela instituição de ensino superior à formação dos alunos. O Enade aferirá o desempenho dos estudantes em relação a conteúdos programáticos e também suas habilidades para ajustamento às exigências decorrentes da evolução do conhecimento e competências para compreender temas da realidade brasileira e mundial e de outras áreas de conhecimento.

Caberá à Comissão Nacional de Avaliação da Educação Superior (Conaes) estabelecer os parâmetros gerais e as diretrizes para a operacionalização do sistema de avaliação. Os resultados, divulgados por meio de conceitos numa escala de cinco níveis, serão utilizados na análise dos processos para o credenciamento das instituições, a autorização e o reconhecimento dos cursos.

Duas outras questões, a gestão e o financiamento das universidades, também serão discutidas no âmbito da reforma. Ambas estão estreitamente vinculadas à autonomia universitária. O MEC estuda a possibilidade de composição de um fundo especial para a educação superior que garanta às instituições federais de ensino superior um cenário de previsibilidade de repasses e independência no estabelecimento de prioridades para um melhor planejamento estratégico. Com essas condições, viabiliza-se também a melhoria da gestão, com vista a maior eficiência e efetividade de seus projetos institucionais e acadêmicos.

A sociedade é a referência normativa e valorativa dessa instituição chamada universidade. Essa relação é tão intrinsecamente imbricada que, nas palavras de Karl Jaspers, a universidade é o "lugar onde por concessão do Estado e da sociedade uma determinada época pode cultivar a mais lúcida consciência de si própria".

Pois bem, se o diagnóstico a que a sociedade brasileira chegou é que sua universidade já não dá conta da realidade destes dias, o Estado brasileiro tem o dever de repensá-la, reestruturando-a e fortalecendo-a para que ela, de fato, seja o espaço para a construção e o intercâmbio de conhecimento por meio do ensino, da pesquisa e da extensão.

SEGUNDA PARTE

O MODELO EM DEBATE

Há novos rumos para a educação no Brasil?
*Claudio de Moura Castro**

---
*Presidente do Conselho Consultivo da Faculdade Pitágoras e ex-chefe da Divisão de Programas Sociais do BID.

Qualquer organização governamental reflete as prioridades do governo vigente e de suas equipes. Mas reflete também seu passado, moldado pelas equipes que a precederam, pela cultura administrativa da sociedade e pelas regras de governo. De fato, o MEC convive com muitas camadas sedimentares e com seus velhos problemas — que não foram criados nem pela presente gestão e nem pela anterior. Assim sendo, não é simples, após um ano e meio de governo, isolar o que é novo e o que é velho.

Ainda mais difícil será separar as mudanças que podem ser atribuídas ao atual ministro Tarso Genro daquilo que se deve ao seu antecessor, Cristovam Buarque. A presente nota focaliza principalmente o último ano e meio do novo governo. Não obstante, em alguns casos é possível detectar certas mudanças introduzidas pelo atual ministro e isso será registrado no texto.

O GERENCIAMENTO DO MEC

Apesar da inerente imprecisão do que é possível dizer após um ano e meio de governo, há algumas tendências que podem ser percebidas por um observador externo. Uma primeira observação diz respeito às mudanças nas equipes. O governo do PT levou ao MEC uma equipe com menos experiência de governo e com formação técnica mais precária, sobretudo nos níveis administrativos mais baixos. Muitas indicações políticas se fizeram às custas de alijar pessoas com competências técnicas e experiência de fazer andar a máquina burocrática. Com isso, sofreu a execução administrativa dos programas e o fluxo de desembolso. Para ilustrar, o ano de 2003 foi encerrado com uma execução de apenas 80% do orçamento.

Houve, igualmente, a entrada de quadros e consultores com uma formação ideológica menos afeita às práticas da análise empírica e quantitativa das políticas públicas. Por exemplo, a nova política para a educação técnica critica as decisões anteriores e propõe novas, sem o auxílio de números que documentem as críticas ou dêem plausibilidade às propostas. Ora, assuntos como aumento e redução de matrículas e composição social do alunado são eminentemente mensuráveis. Até mesmo a aceitação ou rejeição de políticas ou inovações por parte de dirigentes de instituições não oferecem maiores problemas de verificação empírica.

A inexperiência da equipe se manifesta também na abundância de propostas potencialmente interessantes, mas que não têm (1) análise da sua viabilidade política, (2) plano de implementação e (3) recursos orçamentários. Dentro de um ministério é natural que se discutam muitas idéias e propostas. Mas, para quem está de fora, interessam apenas as decisões concretas acerca do que vai ser feito e os meios para a sua implementação.

Em meio desta entropia penetrando as políticas públicas, abundam decisões, notícias e boatos de eliminação de programas e iniciativas passadas. Já foram alvo de tais invectivas o Enceja, os parâmetros curriculares, o Enem, o Provão, o Programa de Avaliação de Livros Didáticos, o Fundescola, o Proep, os centros universitários, e muitos outros. Alguns realmente faleceram, outros estão no limbo.

Uma dificuldade encontrada pelas equipes ministeriais no seu primeiro dia em Brasília deve ter sido o plano do PT para a educação no país. Por razões que não cabe aqui especular, o plano do PT resolvia todos os problemas às custas de fartos recursos adicionais. Para materializá-lo, seria necessário dobrar os recursos que tradicionalmente cabem ao MEC. Mas os recursos não vieram e não havia um plano B.

Portanto, o ministro Tarso Genro recebe uma herança difícil. Merece admiração pela serenidade com que enfrenta uma situação conflitante, mas os problemas aí estão.

ALFABETIZAÇÃO DE ADULTOS

Antes do Mobral iniciar suas operações, já se sabia que programas curtos de alfabetização de adultos não davam certo. A década anterior havia sido pródiga de tais programas pelo mundo afora e as avaliações da Unesco mostraram que os resultados eram decepcionantes. Mas o Mobral foi feito assim mesmo — embora o seu presidente conhecesse tais avaliações. Não parece haver dúvidas de que essa primeira fase do Mobral foi um rematado fracasso. Comparado com o Mobral, os programas propostos e implementados no ano de 2003 foram pior financiados, menos planejados e tinham menos profissionalismo na sua execução. Não temos ainda resultados confiáveis, mas é inverossímil que tenham melhor sorte que o Mobral.

Em boa hora, o novo ministro desacelerou os programas de alfabetização de adultos, um objetivo que já se sabia falido. Nosso analfabetismo é residual e localizado em populações mais velhas ou difíceis de trabalhar, dentro de custos razoáveis. O Mobral foi forçado a descobrir isso. Não precisaríamos gastar os recursos da nação para redescobrir mais uma vez que não dá certo, em um momento em que há menos analfabetos e estes são mais velhos e mais arredios.

A nova ênfase no que vem depois da alfabetização é mais do que bem-vinda. O aprofundamento dos programas de alfabetização e a oferta de educação apropriada para adultos que já dominam os códigos da leitura são políticas mais do que razoáveis.

O Brasil não é mais o país dos analfabetos, mas o país dos que já estiveram na escola e aprenderam a ler e escrever. Porém, nem se educaram e nem sabem usar a leitura e a escrita para se educarem. Focalizar este grupo é uma prioridade muito mais realística.

ENSINO FUNDAMENTAL

A década de 1990 foi notável pelas transformações quantitativas do ensino brasileiro. Antes mesmo da gestão do presidente Fernando Henrique Cardoso, houve uma aceleração nas matrículas iniciais e um progressivo desentupimento do ensino fundamental, resultando em um aumento dramático das graduações — que já ultrapassaram a metade da coorte correspondente. Seguiu-se a esse avanço uma explosão do médio, lá para o fim do século, dando espaço para uma aceleração subseqüente no superior.

Pode-se dizer, resolveu-se o problema da quantidade. Não há problemas de vagas e nem de espaço físico. Se todos fossem aprovados, 20% das salas de aula existentes ficariam vazias. Mas, como bem sabemos, os níveis de qualidade permanecem dramaticamente inadequados. Portanto, resolvida a quantidade, é mais do que natural a qualidade passar a ser a prioridade número um.

Mas isso não parece refletir-se nas prioridades declaradas do MEC e ainda menos em suas ações. Examinando as declarações públicas do MEC, a prioridade para o fundamental não se manifesta com freqüência ou intensidade. E, nas ações, fica difícil encontrar evidências de um real comprometimento com essa meta. Pelo contrário, se o Fundef virar Fundeb, passando a financiar também o médio, de onde virão os fundos adicionais, impedindo que o médio seja financiado às expensas do fundamental?

É um passo atrás a volta da velha controvérsia em que se opõe repetência à promoção automática. Em primeiro lugar, ela ignora as pesquisas cuidadosas, com dados do Saeb, mostrando que os alunos reprovados e repetentes aprendem menos do que aqueles que são aprovados sem saber. Mas, na verdade, as melhores análises mostram também que o problema está na falta de implementação das medidas necessárias ao funcionamento correto de um sistema em que os alunos não repetem porque aprendem. É esse o foco correto da discussão.

Talvez o problema número um do fundamental esteja na formação inadequada dos professores. Os cursos de formação inicial são insuficientes, banhados em ideologia e pobres em conhecimentos práticos de como conduzir uma sala de aula. Ou seja, o professor não aprende a dar aula. Isso não é novo, mas aflora hoje como o problema mais candente da nossa educação, após completarmos o ciclo da universalização do fundamental.

Foi demonstrado empiricamente que a formação continuada não aumenta o nível de aprendizado dos alunos. Como não há professores substitutos durante os cursos de reciclagem, pode até reduzir, pelo cancelamento das aulas.

Em nenhum desses assuntos o MEC parece estar concentrando as suas atenções. Não há idéias novas. Não há insistência naquelas velhas que são comprovadamente eficazes.

ENSINO MÉDIO

O nível médio é o mais prenhe de contradições e impasses — no Brasil e fora. É um nível engasgado entre a missão mais exaltada de preparar para o superior e a outra, mais nobre e subestimada, de preparar para a vida quem ali interrompe seus estudos.

Isso é verdade em todo o mundo. Mas nós corremos o risco de estar em pior situação, por conta de uma distorção trazida pelos vestibulares das universidades públicas. O vestibular das federais polariza e escraviza, mesmo os que não vão para o superior. São feitos para selecionar candidatos a medicina e direito, incluindo para isso perguntas dificílimas ou impossíveis.

As escolas públicas e privadas acompanham os currículos implícitos nesses vestibulares — são, portanto, escravizadas pelos vestibulares que selecionam, dentre o 1% de maior desempenho, quem entrará em medicina e direito. Erradamente empurram nos seus alunos programas enciclopédicos e impossíveis. Os assuntos são áridos, difíceis e fora do mundo dos alunos. Como sabemos, o custo de ensinar demais é aprender de menos.

A solução está em mudar os vestibulares das federais que, na prática, levam todos a ensinar mais do que os alunos conseguem aprender. O Enem havia sido pensado como uma ferramenta para exercer esse papel. Efetivamente, foi desdenhado pelas grandes universidades federais e adotado pelas paulistas como um elemento complementar — ou seja, soma, não subtrai do entulho curricular.

Tudo isso é coisa que está por aí, faz anos. Não são temas novos. Mas essa discussão tão central sobre temas relevantes sequer foi retomada. É como se o problema não existisse.

Ao invés, as políticas do médio parecem se centrar na idéia de adicionar um ano profissional. A vocacionalização do ensino acadêmico é uma discussão antiga, em que o número de estudos já realizados é espantoso. Vale a pena mencionar a experiência do Banco Mundial, que, por duas décadas, emprestou fundos para implantar programas vocacionais nas escolas acadêmicas. No início dos anos 1990, ele realizou um grande levantamento, em dezenas de países, concluindo que esta é a pior solução para oferecer formação profissional — justiça seja feita, esta linha de empréstimos foi abandonada.

Propor esse quarto ano é exumar o que nunca funcionou em praticamente nenhum país do mundo. É ignorar a experiência dos outros países (e do próprio Brasil), duramente paga com fracassos repetidos.

Na verdade, este quarto ano já existe: é o curso técnico — que costuma ter a duração de um ano. E tem a vantagem adicional da flexibilidade e da possibilidade de criar um ambiente mais apropriado para a profissionalização, ao invés da convivência sempre constrangedora com o acadêmico e seu *ethos* mais forte e mais arrogante.

Escolas acadêmicas têm grandes dificuldades para aproximar-se das empresas e focalizar o ensino no que estas precisam. As disciplinas profissionais são desprezadas por alunos e professores. As regras do magistério acabam impondo professores que não são profissionais e, portanto, vão ensinar o que não sabem. E a rigidez orçamentária não permite comprar e vender produtos e serviços, pagar e receber, tudo essencial em um curso profissional.

Obviamente, há áreas cinzas. Por exemplo, o uso dos computadores, que são ensino profissional e habilidades básicas, ao mesmo tempo. Nas escolas, atendendo clientelas mais modestas, faria todo o sentido usar os 25% de liberdade de carga horária oferecida pelo currículo para focalizar tais habilidades, que não dependem de flutuações de mercado de trabalho.

Em suma, o tema que aparece mais visivelmente na agenda do médio é a profissionalização, em que julgamos equivocada a política do MEC. Os outros temas são ignorados.

ENSINO TÉCNICO

Parece que está para ocorrer um retrocesso elitista no ensino técnico. Escolas técnicas federais sempre tentaram melhorar o nível intelectual da sua clientela. Quando integravam o técnico ao acadêmico, terminavam por selecionar as elites para os seus cursos. Os mais pobres ficavam de fora, porque não passavam nos *vestibulinhos*, altamente competitivos. Obviamente, essas elites somente se interessavam pela parte acadêmica. Ficavam os mais pobres alijados de uma formação técnica e os mais ricos ocupavam oficinas e faziam cursos profissionais que não lhes interessavam.

Agora que o técnico está separado, recebe alunos bem mais pobres e interessados nas profissões oferecidas. Essas mudanças de estratificação social estão bem documentadas pelos estudos da Fundação Paula Souza. Embora os Cefets e as escolas técnicas federais não coletem tais dados, há indicações indiretas de que o mesmo ocorreu neles.

Se voltar a integração, será dada uma nova oportunidade ao ensino técnico público de voltar a elitizar-se, novamente alijando as clientelas mais modestas e interessadas em profissionalização. Mais uma vez, os reais aspirantes a técnicos competirão com os filhos das elites que não querem ser técnicos, mas são melhor preparados academicamente.

Os escritos do MEC pregam a necessidade da integração pedagógica — derivada de uma concepção de ensino defendida por alguns. Mas esse não é um bom argumento, por quatro razões:

- Tal integração é praticada pelos cursos que assim desejam, como o Sesi/Senai de Pernambuco e outros que operam o acadêmico e o profissional lado a lado.
- A integração necessária é entre o mundo real e a teoria, não entre o mundo do trabalho e a teoria — para ser prático não é preciso ser profissional.
- A carga horária excessiva da situação presente, alegada pelos defensores da integração, é imposta pela LDB e nada tem com a separação — se há vontade e viabilidade de reduzir esta carga, isso não requer a integração.
- A medida anda na contramão das tendências internacionais, em que cada vez mais os cursos profissionais e os acadêmicos tomam caminhos próprios.

TECNÓLOGO E SEQÜENCIAIS

Declarações em jornal e documentos oficiais dão a impressão de que dentro do MEC há resistência ideológica de alguns à idéia de cursos superiores de curta duração. De fato, foram divulgadas declarações de que é preciso estudar mais o assunto.

Mas é preciso lembrar que cursos semelhantes ao de tecnólogo e seqüenciais já têm meio século de existência. Nos países industrializados, o número de graduados supera o dos cursos de quatro anos. Na Argentina, Chile e Venezuela, já atingem um terço da matrícula. No Brasil, até recentemente, as matriculas neles correspondiam a 3% do ensino superior.

O ritmo de aprovação dos pedidos de abertura de tecnólogos privados foi reduzida drasticamente dentro do MEC. Nas últimas semanas, vimos a notícia de que foi suspensa. É difícil entender o porquê desta interferência indevida do MEC sobre o sistema privado. De um lado, há um princípio constitucional de liberdade de abertura de cursos privados. Do ponto de vista da qualidade dos cursos em operação, não há notícias de problemas, denúncias ou outras evidências indiretas de que o poder público deva intervir para coibir algum abuso.

O que sabemos dos Cefets, Senais e Senacs mostra uma enorme empregabilidade e um grande papel de mobilidade social dos tecnólogos. Como são cursos mais curtos e de retornos mais imediatos, eles têm grande apelo para alunos mais maduros e de posses mais limitadas.

ENSINO SUPERIOR

A idéia de comprar vagas em instituições privadas é corajosa e bem-vinda. Na verdade, é muito mais barato do que expandir o ensino público, cujos custos são muito mais elevados — pelo menos três vezes mais, nas estimativas mais conservadoras dos custos das públicas. Mas é possível que parte dos ganhos potenciais não se materialize, pois há risco de liminares das filantrópicas. Seria um pena perder uma tal oportunidade.

A proposta de reforma do ensino público é bem intencionada e toma algumas precauções cabíveis. Mas tivemos muitas outras tentativas e não deram em nada. Não se fazem reformas sem pisar nos calos de muitos. Se esses muitos são numerosos nos grupos de discussão, nada vai acontecer. O ministro tem manifestado a sua intenção de não deixar a discussão ser seqüestrada por interesses corporativos. Mas há razões para temer uma infiltração desses interesses no âmago do processo decisório.

Por outro lado, os pensadores mais consagrados do nosso ensino superior não estão presentes nas comissões que discutem a reforma. Do mesmo modo, não estão presentes quem contrata os graduados, isto é, os empresários. Não há tampouco um bom número de pessoas equilibradas, lúcidas e que não têm a ganhar ou a perder com as diferentes alternativas de reforma. Se não tivermos discussões conduzidas por grupos em que os interesses mais imediatos estão equilibrados pela presença numerosa de outros, não vemos um bom prognóstico para a reforma.

Os principais problemas da universidade pública são conhecidos:

- Ingovernabilidade (quem deveria mandar, não manda).
- Politização do que deveria ser meritocrático.
- Incentivos perversos (pela falta de autonomia, pois não há puxões de orelha em quem faz errado ou prêmios para os que fazem certo).
- Grande ineficiência no uso dos recursos (por exemplo, em uma universidade séria foram contadas mais de 200 turmas com um aluno só).

Os observadores mais qualificados, serenos e mais despidos de interesses próprios ou de grupos tendem a concordar com a agenda acima. De fato, a real agenda de reforma requer tocar nesses pontos. Mais ainda, requer enfrentá-los com coragem e com armas potentes o bastante para vencer a inércia.

Não obstante, há um risco de descarrilamento da agenda. Nas tentativas anteriores, toda a agenda de reforma acabou em reivindicações por mais fundos, por parte dos professores e reitores. Os temas reformistas se perdem. Na presente discussão, já há prenúncios de que o mesmo pode acontecer.

No campo do ensino privado, o MEC declarou a sua intenção de autorizar a abertura de cursos de acordo com o princípio da demanda social. A idéia da "demanda social" pertence ao capítulo das idéias mais malsucedidas na história do planejamento. O Projeto Mediterrâneo, lançado com fanfarra na Europa dos anos 1960, foi tão desastroso que virou exemplo citado em cursos de planejamento. Simplesmente, as técnicas de planejamento de necessidades de recursos humanos não funcionam na prática e ninguém mais acredita nelas.

Ainda piores são os prognósticos para o planejamento nas áreas sociais. Como avaliar um mercado de cursos em que só 10% dos graduados exercerão a profissão? Se vamos autorizar a abertura de cursos somente onde a maioria dos graduados vai encontrar emprego com o mesmo nome do diploma, será que não bastaria um só curso de filosofia para todo o país?

No fundo, tal medida vai reforçar o monopólio das universidades privadas, que não precisam pedir a bênção ao MEC para abrir cursos. Ou seja, na sua ânsia de proteger os alunos, não se sabe de quê, o MEC poderá vir a garantir reservas de mercado para as universidades privadas.

Se 80% dos cursos superiores são privados, quem vai cuidar deles é a competição. O MEC não conseguirá jamais assegurar qualidade com a mesma força que a combinação do Provão com a concorrência consegue. Portanto, precisamos de uma política exigente nas condições de oferta, mas que estimule a abertura de cursos. Proibir é garantir monopólios. E os monopólios privados são piores do que os públicos

Nas cotas raciais, o MEC tem agido com prudência e circunspecção. Mas o politicamente correto pode custar muito caro a longo prazo. As formas de identificação racial pecam pela inviabilidade prática. Basta mencionar que o DNA e o aspecto visual não correspondem exatamente. As inspeções visuais são politicamente problemáticas. Não há como coibir abusos, porque na nossa sociedade sequer há acordo acerca de quem é branco e quem não é.

As cotas para os graduados de escolas públicas são uma alternativa bem interessante e inteligente. Substituem um critério problemático (raça) por um simples. No entanto, sequer tocam no problema principal — a avassaladora maioria dos pobres não termina o médio. Ademais, impõe sacrifícios para o princípio meritocrático. Na USP, em medicina e direito, alunos vindos das cotas teriam notas 54% mais baixas.

A alternativa está em fórmulas mais matizadas e mais complexas de aceitar alunos de escola pública, desde que a queda de qualidade não seja considerável. Um belo exemplo é o projeto da Unicamp de dar uma bonificação de pontos para alunos de escolas públicas. Como tal bonificação não permite a aprovação senão daqueles que estão próximos de ser aprovados, a queda imediata de qualidade é diminuta. E esta pequena perda de qualidade inicial é compensada pelo desempenho superior ao longo do curso por parte daqueles pobres que chegam a quase empatar com os alunos das escolas privadas.

INEP

Houve um grande esvaziamento das equipes do Inep. Possivelmente, foi o órgão do MEC que mais sofreu perdas de capital humano.

As críticas que foram oficialmente oferecidas contra o Provão não sobrevivem a qualquer análise séria. São amadorísticas, e sem evidências empíricas. Em contraste, abundam os estudos mostrando os efeitos benéficos do Provão.

Na conferência convocada pelo MEC para discutir o Provão, dos 31 convidados citados no convite, somente dois tinham conhecimentos técnicos de avaliação de ensino. A crítica de que o Provão não considera o valor adicionado é procedente. Mas com os dados do Enem é fácil estimá-lo para praticamente todos os cursos onde se aplica o Provão.

O Provão é a avaliação mais robusta do ensino superior. É praticamente à prova de fraudes e manipulações, pela lógica dos procedimentos utilizados. No entanto, o Provão está sob uma espada de Dâmocles.

Se for feita uma amostragem dos alunos que vão fazer o Provão, é impossível fiscalizar a lisura dos procedimentos em cinco mil cursos. Os cursos serão tentados a escolher os seus melhores alunos, desmoralizando o exame. É um convite à fraude. Por que não fazer o programa para todos os alunos de cada turma, de três em três anos para os cursos A, dois anos para os cursos B e todo ano para os outros? Reduz os custos em pelo menos um 1/3.

A idéia de criar uma prova no primeiro ano é um total desperdício, diante da existência do Enem, um ano antes. É incongruente propor um Provão por amostragem e espaçado de anos, com o objetivo de economizar recursos, e, ao mesmo tempo, propor gastar com a criação de uma nova prova, virtualmente inútil, pela existência do Enem.

A universalização do Saeb para todas as escolas oferece problemas logísticos assustadores. Além disso, duplica o que já fazem estados grandes como São Paulo, Minas Gerais e Paraná — matriculando quase a metade da população escolar brasileira. Ou seja, vai federalizar gastos hoje realizados por estados ricos que abandonarão seus exames. Sobrarão, portanto, menos recursos para os estados mais pobres.

Pelo que se lê na imprensa, é difícil evitar a conclusão de que o Enem está no limbo. Ora fala-se em eliminá-lo, ora fala-se em fundi-lo com o Saeb. Mas entendamos, o Enem é uma prova individual e o Saeb de grupo. Há problemas técnicos sérios para fundir as duas provas. Porém, deixemos os aspectos técnicos e pensemos apenas no custo do sigilo e da fiscalização do Enem e que teria que ser incorporado no Saeb, com monstruosos aumentos de custo, tanto pela necessidade de expandir o banco de perguntas como no custo adicional de controlar a aplicação. Uma prova que vai determinar o futuro de cada aluno tem exigências de fiscalização e de confiabilidade — em nível individual — muito maiores.

Se a avaliação institucional tiver peso, os custos de verificar os dados fornecidos pelas IES serão proibitivos. A nova proposta de avaliação dá pouca consideração ao risco de falsificação das informações prestadas. Como verificar se, realmente, a horta popular reportada existe, se os professores anunciados estão dando aula, se o programa na favela tem três, trinta ou três mil alunos e se os professores receberam cursos adicionais? Aspectos mais simples, como o cumprimento das normas legais nas filantrópicas, jamais puderam ser verificados pelo MEC.

A auto-avaliação é uma técnica de dinâmica de grupo. Sensibiliza os participantes para os problemas e promove a motivação para a mudança. Mas só dá certo se os resultados permanecerem confidenciais dentro do grupo. Se os resultados vão vazar, poucos terão motivação para dizer a verdade. É um instrumento de discussão e mobilização interna. Portanto, não serve para iluminar a política educativa do MEC. A experiência passada, incluindo o Paiub, mostra sempre o mesmo resultado: os participantes indicam que está tudo ótimo; o único problema é falta de recursos.

No fundo, o MEC e o Inep convivem mal com os problemas de compatibilizar objetivos de política educativa com as fragilidades estruturais da administração pública. Programas complicados, exigindo equipes imensas e apreciações subjetivas não costumam dar certo. Por falta de experiência, são propostos programas de implementação frágil e sujeitos a fraudes e manipulações.

Planos para a educação: comentários
*João Batista Araujo e Oliveira**

---
*Especialista em educação.

Limito meus comentários a dois aspectos das propostas apresentadas. O primeiro refere-se à nova prioridade conferida à eqüidade e inclusão social. O segundo refere-se a um problema específico da educação que o plano não contempla — a prioridade para o ensino fundamental e, dentro dele, da alfabetização das crianças. Sem isso, qualquer esforço de promoção da eqüidade continua comprometido.

A NOVIDADE: PRIORIDADE PARA A EQÜIDADE E INCLUSÃO SOCIAL

As propostas apresentadas no presente seminário mantêm uma coerência com a tradição dos governos anteriores com relação à educação: tudo é importante, tudo é prioritário, a educação deve abranger o período que vai do nascimento à morte, deve ser universal e gratuita. Não há análise dos dados da realidade, não há análise da causa dos fracassos dos planos anteriores, não há limitações de ordem financeira, política ou administrativa. Há vontade política, agora vai! O raciocínio subjacente é mais ou menos assim: se outros fracassaram no passado, o pior cenário é o de que também fracassemos desta vez — portanto, não há o risco de fazer pior do que os demais. Nesse aspecto, as novas propostas não inovam — são fruto de uma tradição de "planejamento" educacional levadas ao paroxismo em documentos como o Plano Nacional de Educação.

Utopias são essenciais para sabermos aonde queremos chegar — mas costumam ser pouco úteis para sabermos como chegar lá. Dom Quixote nunca dispensou seu Sancho Pança. Utopias e falta de prioridades constituem um risco maior para os mais pobres, especialmente num país com tradição elitista, em que as políticas públicas sistematicamente são apropriadas pelos grupos de interesse mais fortes e tendem a favorecer os mais poderosos. A partir de Pombal, o governo central sempre e sem exceção teve suas prioridades e recursos destinados precipuamente para o ensino superior. Mesmo no governo FHC, acusado pelo atual de ter sucateado as universidades federais, o único aumento expressivo de recursos federais foi para esse segmento. Portanto, a não ser que existam políticas que de forma explícita e proativa tendam a reverter essa orientação e desenvolver mecanismos para fazer face a esses pressões sobre o MEC, a probabilidade é que tudo será como dantes em terra de Abrantes. Esta ótica distorcida compromete, de saída, a possibilidade de um olhar objetivo que permitisse, efetivamente, avançar na questão que surge como inovadora na proposta atual do MEC, a questão da eqüidade.

A nova proposta do MEC inova num aspecto importante: pela primeira vez na história educacional do Brasil, a eqüidade é explicitada e convertida em foco de atenção. O conceito de eqüidade é associado a dois outros conceitos — o do resgate da dívida social e o da inclusão dos indivíduos na sociedade por meio da educação em todos os níveis. Esta ênfase, por si só, caracteriza e distingue as atuais propostas de todas as anteriores, ainda que persista a desmedida obsessão com a expansão do ensino.

No entanto as propostas e ações apresentadas para lidar com as questões de eqüidade e inclusão parecem situar-se longe da realidade. Há avanços pragmáticos e realistas — por exemplo, quando o ministério rebaixa a alfabetização de adultos do nível de prioridade única e absoluta. Mas, no mais, o que se observa é uma dose possivelmente letal de voluntarismo: fazer tudo para todos. Vamos colocar todo o mundo na escola — os de zero a seis anos, vamos mandar para a universidade 50% ou mais dos egressos do ensino médio, vamos oferecer oportunidades educacionais a todos os mais de cem milhões de brasileiros que não concluíram o ensino fundamental ou médio, vamos assegurar formação profissional a todos os que não tiveram acesso a ela. O ensino superior público será ampliado, com atenção particular a políticas afirmativas. Para além de algumas cotas, não se fala de prazos, de custos e muito menos de como operacionalizar essas idéias. Criam-se novas expectativas e elevam-se as já existentes apenas com a enorme chance de frustrar ainda mais os excluídos. Por mais disfuncionais, equivocados ou utópicos que possam ser os mecanismos afirmativos propostos, o simples fato da eqüidade tornar-se preocupação explícita na política educacional representa um avanço digno de nota. O diabo, naturalmente, reside nos detalhes.

Analisemos apenas o caso do ensino superior, pois este é o único capaz de captar a atenção das autoridades e das elites acostumadas a pensar que o único problema educacional do Brasil está no ensino superior. Mas o caso do ensino superior pode ajudar o leitor a refletir sobre a questão da eqüidade. Na nova proposta do MEC, a ideologia do ensino público gratuito é convertida em dogma: só há educação republicana se o ensino superior público for gratuito. Nem a experiência de outros países republicanos onde há ensino superior público pago nem a análise de quem ganha e quem perde com esse tipo de privilégio odioso num país pobre como o nosso são capazes de afetar a força do dogma. Esse tipo de enfoque puramente ideológico, sem análise dos dados, dos custos e benefícios de opções em políticas públicas compromete a integridade dos melhores propósitos — e a credibilidade de seus proponentes. O dogmatismo ideológico, por sua vez, exclui, *a priori*, análises de viabilidade e exame de alternativas para as políticas raciais afirmativas e leva ao maniqueísmo: quem não concorda com nossos métodos é contra nossos princípios. Esta é uma estratégia de se evitar o diálogo — mantendo-o apenas na aparência: todos têm o direito de dizer o que quiserem, mas as opiniões que conflitam com a doutrina oficial são simplesmente descartadas por se apoiarem em uma ideologia contrária.

Uma simples reflexão sobre a realidade passada e presente poderia ajudar a compreender como uma visão fortemente comprometida com princípios ideológicos meritórios, mas descomprometida com a análise da realidade, pode frustrar as melhores intenções. O MEC propõe, por exemplo, assegurar 50% das vagas do ensino superior público para egressos do ensino médio. O que nos dizem os dados? Primeiro, que esse número já é de mais de 42%. Segundo, que esse número é maior nas universidades estaduais do que nas federais — portanto, é aí que deverá haver maior mudança. Terceiro, como se pode ver a partir dos dados do Provão, a maioria dos alunos universitários egressos de escolas públicas se encontra em cursos de *status* profissional relativamente inferior, dada a seletividade dos vestibulares. Quarto, o perfil de distribuição de renda familiar dos alunos de curso superior provenientes do ensino médio público ou privado é muito semelhante, com algumas diferenças nos dois extremos. Utilizar bem esses dados e os resultados do Saeb pode dar uma visão do que é possível. Privilegiar com cotas egressos de escolas médias públicas pode até valorizar o ensino público, mas dificilmente beneficiará os mais pobres: o que se quer obter com as cotas? Conhecer e analisar os dados é essencial para propor políticas públicas equânimes. Não bastam só a ideologia "correta" e as boas intenções.

Aprofundemos a questão das cotas apenas nas universidades federais para reforçar a importância da focalização e da análise. Anualmente, são oferecidas aproximadamente 150 mil novas vagas. Isso representaria 75 mil vagas alocadas para egressos de escolas públicas — de um total de cerca de dois milhões de concluintes do ensino médio —, número que deverá atingir o máximo de três milhões dentro de poucos anos. Essas vagas são divididas pelos estados — no Rio de Janeiro, isso representa um máximo de dez mil vagas. *Coeteris paribus*, o que se pode prever? As classes mais privilegiadas vão se apossar de algumas escolas seletivas — Pedro II, Colégio Militar, Colégio de Aplicação — e assegurar seu ensino superior gratuito. Sem focalização e análise, é difícil viabilizar as melhores das intenções.

Esses exemplos servem apenas para tocar na questão central do problema da eqüidade. Para efeito da presente discussão, usamos o termo *eqüidade* no sentido de "igualdade de ingresso, progresso e sucesso na escola". Ora, se o objetivo é promover maior igualdade por meio da educação, a política pública deve se orientar para as intervenções que promovam a igualdade ou inibam a desigualdade. Na sua forma atual, a educação aumenta as desigualdades sociais no Brasil. É verdade que todos os que freqüentam a escola se beneficiam de alguma forma com mais anos de educação. Mas as diferenças na taxa de conclusão e na qualidade da escolaridade contribuem para aumentar a desigualdade, e não para diminuí-la. Compare-se, por exemplo, a relação negativa entre taxas de retorno para ensino médio e superior entre anos como 1991 e em 2001. Ou comparem-se as estratégias de universalização do ensino básico do Brasil e da Coréia, onde o aumento de escolaridade diminuiu, ao invés de aumentar, as disparidades de renda. O que importa para o setor produtivo são as competências adquiridas pela massa da população, e não apenas anos a mais de escolaridade. O que importa para promover a igualdade não é a qualidade do discurso, mas o acerto das políticas. É óbvio que o discurso é importante e vem antes, mas é preciso ir além.

Em quaisquer dos níveis em que se queira tratar da questão, políticas afirmativas para promover a inclusão e o resgate da dívida social estão e estarão fatalmente comprometidas com duas fortes limitações: a história escolar anterior dos despossuídos e a limitação de recursos para promover compensações. Isso significa duas coisas. Primeiro, a necessidade de focalização. Segundo, que a guerra contra a dívida social já foi perdida — se houver muita pontaria, algumas batalhas poderão ser ganhas. O grande ganho — e nisso a proposta do MEC tem mérito — é trazer a questão da eqüidade para a linha de frente. A implicação maior, no entanto, é a de que somente políticas estruturais, que ataquem as causas — e não sejam meros remendos paliativos, ainda que meritórios — serão capazes de oferecer alguma esperança de efetiva inclusão, cidadania e participação republicana à grande maioria dos excluídos, que são a maioria de nossa população. Para isso o MEC precisará superar duas vendas que lhe tapam os olhos. De um lado, sua condição de prisioneiro da lógica do ensino superior. De outro, a forma como a ideologia, ainda que bem intencionada, tem impedido a análise objetiva dos dados.

DE VOLTA AO INÍCIO: PRIORIDADE PARA O ENSINO FUNDAMENTAL

A maioria dos brasileiros ingressa na escola na 1ª série do ensino fundamental. Portanto, até que a pré-escola seja universalizada no Brasil, e até que seja oferecida com uma qualidade mínima adequada para compensar gigantescas deficiências de capital social e cultural na estrutura familiar dos brasileiros mais pobres, a 1ª série do ensino fundamental é o ponto de partida para políticas de promoção da eqüidade. Qualquer política de promoção da eqüidade e da inclusão só terá alguma viabilidade se priorizar ações que aumentem as chances de progresso e sucesso das camadas mais pobres no ensino fundamental. Qualquer política que não situe essa questão como prioritária contribuirá para reforçar a tendência histórica brasileira — que é a de promover a ineqüidade pela via da expansão da educação sem qualidade para todos.

Concentramos nosso comentário num único aspecto — a alfabetização das crianças. Existem hoje no Brasil cerca de 3,2 milhões de crianças de sete anos de idade. E existem 5,8 milhões de matrículas no ensino fundamental — a maioria dos excedentes com mais de sete anos. A explicação: repetência. A repetência por sua vez está relacionada com a não-aprendizagem e, esta, com o não-ensino. Com repetência ou não, na 4ª série, ao final de um percurso que leva em média seis anos para ser completado, entre 60 e 80% dos alunos não conseguem compreender o que lêem ou escrevem. Ou seja, perderam vários anos na escola, não foram alfabetizados e não possuem condições de progresso ou sucesso escolar. Bolsas de estudo para fazer cursinho ou para entrar na universidade são bem-vindas, mas não resolvem o problema fundamental da desigualdade de oportunidades. Apenas se gasta mais para fazer um remendo, em vez de gastar menos e fazer direito da primeira vez.

Por que o Brasil não alfabetiza suas crianças na 1ª série do ensino fundamental? Um relatório elaborado por uma comissão internacional de especialistas fez um diagnóstico da questão e apresentou suas conclusões e recomendações. Esse relatório foi apresentado à Comissão de Educação da Câmara dos Deputados no dia 15 de setembro de 2003 e foi amplamente divulgado em todo o país. Necessário registrar que não suscitou o menor interesse de instituições como o MEC, o Consed (Conselho Nacional dos Secretários Estaduais de Educação), a Undime (União Nacional dos Dirigentes Municipais de Educação), o Conselho Nacional de Educação, o Conselho de Reitores ou de instituições internacionais sediadas no Brasil e que se declararam oficialmente comprometidas com as questões da criança.

Quando o governo federal se permite ignorar o conteúdo e as recomendações desse relatório, ele coloca em questão não apenas sua falta de objetividade e pragmatismo na formulação de políticas públicas, mas até mesmo a existência de boas intenções em relação aos problemas que afetam os mais pobres. Da mesma forma com que os governos anteriores trataram os dados do Saeb, o governo atual vem tratando o presente relatório: tudo se "resolve" capacitando mais os professores. Ou seja, sequer o governo federal toma o trabalho de verificar, no relatório, que as universidades brasileiras, neste caso, são parte do problema e não da solução. As próprias universidades ignoram os progressos científicos e continuam a repetir — quando o fazem — ensinamentos equivocados e ultrapassados sobre como alfabetizar. Ou seja, o país não dispõe de mecanismos que lhe permitam aprender — avaliações e análises objetivas não integram o marco de debate das políticas públicas. Tudo se resume ao exame das intenções dos proponentes. Ou ao ritual de fazer avaliações e propor mais cursos de capacitação para os professores.

Cota para negros dá manchete de jornal, cursinhos pré-vestibulares para despossuídos chama a atenção da mídia, mas alfabetização de crianças não dá "ibope". Curiosamente, os mesmos jornais que repercutem essas iniciativas vêm mostrando que a baixa escolaridade, mais do que a cor, prejudica muito mais os rendimentos dos negros. Políticas compensatórias dificilmente dão certo. Mas quando se apresentam sem base analítica, sem foco e sem lastro em mudanças estruturais, têm fracasso assegurado.

Se o atual governo efetivamente quiser colocar o país para promover a eqüidade e a inclusão por meio da educação, é inescapável que ele deva atribuir total prioridade ao ensino fundamental e, dentro dele, à alfabetização das crianças na 1ª série do ensino fundamental.

O aluno não alfabetizado já tem seu sucesso escolar comprometido a partir daí — todas as demais políticas públicas serão sempre compensatórias, remendos de eficácia duvidosa. Se o aluno é pobre ou negro, isso é ainda mais importante. Se é ambos, mais importante ainda. É aí que se pode atuar de forma duradoura, e é justamente aí que não se está atuando. Sequer há sinais de interesse em engajar um debate a partir dos dados existentes.

Não cabe no tempo e no espaço deste comentário apresentar a agenda de trabalho da alfabetização das crianças. De resto, esta agenda já se encontra detalhada no referido relatório. Só restam dois comentários. Primeiro, registrar que todas as políticas compensatórias e de inclusão, por meritórias e necessárias que sejam, serão sempre e necessariamente remendos. Elas precisam ser feitas, precisam ter mais destaque, mas não podem substituir políticas públicas eficazes e duradouras. E o debate e a busca de caminhos podem ser aprimorados se a paixão ideológica ceder espaço à racionalidade. Por último, cabe dizer que, se a real intenção for a de promover a inclusão de forma efetiva e duradoura, o primeiro passo é alfabetizar as crianças. Enquanto isso não se tornar a prioridade absoluta do MEC e do país, restará apenas a retórica das boas intenções e de remendos mal costurados num tecido muito esgarçado. Alfabetizar as crianças é agenda para vários anos, não é nada que se corrija com cursinhos de capacitação ministrados por instituições e pessoas totalmente despreparadas para tal e descomprometidas com a sua própria razão de ser, que é o respeito pelo conhecimento científico. Promover eqüidade requer atenção prioritária e continuada dos responsáveis pela educação no país, a começar pelo ministro da Educação. A alfabetização das crianças é e continua sendo candidata a merecer atenção prioritária.

A outra reforma universitária: para a sociedade do conhecimento

*Edson Nunes**
*Leandro Molhano Ribeiro***

---
*Presidente da Câmara de Educação Superior do Conselho Nacional de Educação.
**Pesquisador do Observatório Universitário do Instituto Databrasil.

INTRODUÇÃO

A discussão da reforma universitária no Brasil está ocupada por questões prementes e visíveis, tais como o financiamento das instituições de ensino superior públicas, o acesso e as questões emergentes associadas à inclusão e às ações afirmativas, a natureza da autonomia e a governança universitária. Outros assuntos de igual, senão mais profunda importância, estão deixados à parte. São eles: 1) os conteúdos acadêmicos dos cursos de graduação e sua relevância; 2) o volume de estudos exigidos nos cursos superiores e a dedicação dos estudantes; 3) a expansão privatista da educação superior no Brasil; 4) a questão da diversidade institucional da educação superior; 5) o marco regulatório da educação superior privatizada; 6) a necessidade de fixação de um padrão de referência acadêmico compatível com altos níveis internacionais; e 7) o desafio da expansão da educação superior. Os outros aspectos, de forma, governança, financiamento, embora fundamentais, são decorrência da definição do que se deseja fazer. As reflexões sobre as questões enunciadas acima mostram que a educação superior brasileira e sua política pública recente estão na contramão da economia do conhecimento, do desenvolvimento do capital humano e da educação permanente.

PROFISSIONALIZAÇÃO PRECOCE E CORPORAÇÕES E DIVERSIDADE: O CONFLITO ENTRE A UNIVERSIDADE E AS PROFISSÕES

Quanto à relevância e ao conteúdo do ensino, o Brasil está amarrado à decisão pregressa de que a educação superior existe para oferecer educação profissional. Esta decisão, no rastro de modelagem francesa ancestral, exige que os estudantes brasileiros tenham sua visão de mundo simplificada pelo que pode ser chamado de *profissionalização precoce*.[1] Ou seja, desde os 15-16 anos, os estudantes do ensino médio precisam começar a optar pela profissão futura, de modo a definir o curso de graduação a ser realizado e, assim, melhor se prepararem para os vestibulares — principalmente aqueles que almejam ingressar em instituições públicas, cujo acesso é densamente competitivo.

Portanto, desde o ensino médio, pelo menos, inicia-se um processo de restrição da "visão de mundo" das gerações futuras, tornando-as candidatas à profissão antes de serem candidatas ao saber. Ao ingressarem nas instituições de ensino superior, tendo vindo, em geral, de um ensino médio decepcionante,[2] salvo as exceções da elite de praxe, nossos estudantes orientam-se por uma matriz profissionalizante de ensino, deixando de lado uma formação mais abrangente, humanística, histórica, social... enfim, a educação.

A educação superior brasileira ainda está amarrada à definição das 37 profissões regulamentadas. Para se ter uma idéia, o número de cursos e/ou programas de graduação, em 2001, no ensino superior brasileiro, revelava que do total de 12.067 cursos existentes, 8.996, ou seja, 74,6%, eram cursos de profissões regulamentadas. Quando se analisa o número de alunos matriculados naquele ano, verifica-se que do total de 3.029.154 alunos do ensino superior,

---

[1] O tema da profissionalização precoce no Brasil foi objeto de estudo em Nunes, Edson, Nogueira, André e Molhano, Leandro. *Futuros possíveis, passados indesejáveis: Selo de qualidade da OAB, Provão e ensino superior no Brasil.* Rio de Janeiro: Garamond, 2000.
[2] Como evidenciado pelos resultados do Sistema de Avaliação do Ensino Básico (Saeb).

79,6% (2.410.574 alunos) estavam matriculados em cursos de profissões regulamentadas.[3]

Essa matriz profissionalizante da educação superior é, em grande medida, decorrência da forte influência que as corporações profissionais exercem sobre os currículos dos cursos de graduação.[4] Isso não quer dizer que o ensino superior não deva levar em consideração os conteúdos tidos como necessários para a formação de um profissional. Ao contrário, uma das exigências da educação superior é, também, formar bons profissionais. A questão é saber equacionar quando e em quem focar a educação profissionalizante, sabendo equacioná-la com uma formação geral mais ampla. Mas, como no Brasil profissão é assunto de Estado, está vinculada à lei corporativa, acaba-se exigindo da educação superior o título de bacharel nesta ou naquela profissão. Ressalte-se, por exemplo, as imposições que as corporações fazem para o exercício profissional. Para que uma pessoa possa participar como técnico de uma empresa em uma concorrência pública, é preciso que ela esteja inscrita na entidade corporativa pertinente.[5]

---

[3] Dados elaborados pelo Observatório Universitário (Databrasil — Ensino e Pesquisa/Ucam) a partir dos dados básicos do MEC/Inep: Sinopse Estatística da Educação Superior, 2001. Número apresentado pelo secretário nacional de Educação Superior (Sesu/MEC) neste fórum revela que atualmente existem 18 mil cursos superiores. Observação preliminar dos números atuais indicam que os percentuais de cursos de profissões regulamentadas, assim como de alunos matriculados nesses cursos, apresentados acima permanecem praticamente inalterados.

[4] Não se pode perder de vista que, tradicionalmente, as corporações são consultadas pelo Ministério de Educação, pela Secretaria de Ensino Superior e pelo Conselho Nacional de Educação, para a preparação dos currículos, normas e diretrizes curriculares. O edital 04/97, por meio do qual se iniciou o processo de discussão das diretrizes curriculares, convocou as IES a apresentarem a definição das diretrizes que seriam elaboradas pelas Comissões de Especialistas da Sesu/MEC. O edital afirma que "é desejável a integração das IES com as sociedades científicas, ordens e associações profissionais, associações de classe, setor produtivo e outros setores envolvidos, através de seminários, encontros, *workshops* e reuniões, de forma a garantir diretrizes curriculares articuladas tanto às reformas necessárias à estrutura da oferta de cursos de graduação, quanto aos perfis profissionais demandados pela sociedade".

[5] A concorrência pública aqui mencionada é uma das modalidades de licitação prevista no artigo 22, inciso I, da Lei 8.666/93. Ela está definida no § 1º do referido artigo como sendo uma "modalidade de licitação entre quaisquer interessados que, na fase inicial de habilitação preliminar, comprovem possuir os requisitos mínimos de qualificação exigidos no edital para execução de seu objeto". Inicialmente, para participar do processo de licitação é necessário o cumprimento de requisitos para que o participante seja considerado habilitado para concorrer às fases seguintes do processo. A habilitação envolve a comprovação de aptidão jurídica, da qualificação técnica, econômica financeira, da regularidade fiscal de cumprimento do disposto no inciso XXXIII do artigo 7º da CR/88. Os documentos que servirão para comprovar tais aptidões estão devidamente arrolados na Lei 8.666/93, nos artigos 28 e seguintes. No caso da comprovação de habilitação técnica, o artigo 30 da lei em comento exige o registro e a inscrição na entidade profissional competente.

Não só ela, mas a empresa também precisa estar inscrita no órgão, com suas taxas em dia. Esse tipo de imposição apenas mostra como a educação superior brasileira está mais associada à vida corporativa do que à vida educacional.

Formam-se, no Brasil, jovens bacharéis, "doutores" em nosso linguajar, que mal sabem escrever, desconhecem história e literatura, estão distanciados dos grandes temas nacionais e internacionais, das angústias e heranças do nosso mundo e de nosso país. Freqüentemente, para dar um exemplo, ficamos surpreendidos quando nos deparamos com um texto universitário bem escrito, uma monografia escorreita, uma dissertação de mestrado ou tese de doutorado bem apresentada. Surpreendemo-nos simplesmente porque saber escrever passou a ser algo excepcional, e não a mais rotineira obrigação do universitário brasileiro.

Ressalte-se aqui certa contradição: a educação profissionalizante acaba ficando na contramão das exigências de um mercado de trabalho moderno, complexo e rotativo. Atualmente, grande parte do trabalho nas diversas ocupações e profissões modernas envolve justamente habilidades básicas como falar e escrever muito bem, preparar bons relatórios, ter conhecimento de informática, possuir raciocínio lógico quantitativo, falar e ler uma segunda língua. Um ensino não profissionalizante poderia permitir a educação dos estudantes nestas habilidades, além de proporcionar formação histórica e cultural em humanidades, ciências sociais e ciências. Amarrada a um currículo profissionalizante, a educação superior acaba se descuidando da preparação dos estudantes para um mundo complexo, no qual as profissões tornam-se obsoletas rapidamente e é freqüente a mudança de emprego e de ocupações ao longo da vida profissional.[6]

---

[6]Discussões sobre a formação da educação superior e sua vinculação com o mercado de trabalho moderno pode ser encontrada em Brennan *et al. What Kind of University? International perspective on knowledge, Participation and Governance*. London: The Society for Research into Higher Education, Open University Press, 1999; Losco, Joseph e Life, Brian (Org.) *Higher Education in Transition: The Challenges of the New Millennium*. Westport, Connecticut: Bergin & Garvey, 2000; O'Brien, George. *All the Essential Half-truths About Higher Education*. Chicago: The University of Chicago Press, 1998.

A discussão acima leva a uma reflexão sobre a necessidade de uma educação superior funcionalmente diferenciada e/ou especializada, que permitiria, por meio de um processo permanente de educação, várias opções de formação complementares.[7] Essa diferenciação possibilitaria, por exemplo, o estabelecimento da educação universitária *stricto sensu*, sem preocupação com as determinações conjunturais/profissionais do mercado sobre a composição do perfil do educando. A educação universitária poderia estar associada à diversidade de *campus*, pesquisa e pós-graduação em nível de doutorado, fazendo das "universidades" instituições basicamente de orientação científica, humanista e de estudos clássicos.[8] Da mesma forma, seria possível existir graduações mais curtas, orientadas para ocupações, tal como exemplificado pelos atuais cursos superiores de formação específica, os curso seqüenciais.[9] Por fim, poder-se-ia, igualmente, admitir a existência de escolas ligadas a profissões, tais como medicina, direito, engenharia.

A necessidade de se discutir o ensino superior, fora dos parâmetros profissionais-corporativos, poderia ser pautada por uma verdadeira preocupação com a necessária massificação da educação superior. Deveria, no entanto, estar associada ao tema da eqüidade e igualdade de oportunidades, já que a educação universitária *stricto sensu* tenderia a atrair estudantes com menor preocupação imediata com o mercado de trabalho, naturalmente melhor posicionados economicamente, enquanto a educação profissionalizante atrairia aqueles mais premidos pela necessidade de trabalhar, o que faria com que a massificação do ensino superior gerasse, de forma não desejada, hierarquias internas e externas próprias, de modo a separar, simbólica e praticamente, as "elites" das "massas".

---

[7]Parte do argumento que se segue foi desenvolvido em Nunes, Edson *et al. Teias de relações ambíguas: Regulação e ensino superior*. Brasília: Inep, 2002.
[8]Para uma discussão a respeito ver Menezes, Luiz Carlos de. *Universidade sitiada*. São Paulo: Fundação Perseu Abramo, 2000.
[9]Sobre a diversidade institucional ou a mobilidade de seqüenciais como pilar do sistema universitário, tem-se os trabalhos de Cohen, Arthur e Brawer, Florence. *The American Community College*. São Francisco: Jossey Bass, 1996.

VOLUME DO TRABALHO ACADÊMICO

Quanto ao volume de trabalho na educação superior, a situação é tão ou mais crítica do que a representada pelo perigo corporativo. No Brasil, os alunos de graduação estudam pouco, têm poucas aulas, estão majoritariamente matriculados em cursos noturnos e acham que as escolas exigem pouco deles. Dados dos questionários do Provão de 2003, por exemplo, indicam que um pouco mais de 60% dos estudantes freqüentaram cursos noturnos com diminuta carga de trabalho discente. Iguais 2/3 trabalham enquanto estudam. Cerca de 55% de todos os formandos disseram que os cursos de graduação deveriam ter exigido mais deles.[10]

Os cursos noturnos normalmente têm carga de 20 horas/aula semanais. A hora/aula noturna é de 45. Ou seja, os estudantes noturnos só têm efetivamente 15 horas/relógio de escolaridade semanal, o que corresponde a três horas por dia. Nos 200 dias letivos, os estudantes dos cursos noturnos recebem apenas 600 horas de aulas.[11] Para se ter uma idéia do que representa, comparativamente, esse volume de estudos, basta observar o sistema europeu de transferência de créditos, o ECTS.[12] Tal sistema aponta para uma carga no ano letivo em torno de 1.560 horas de trabalhos discentes. A carga de trabalho discente não é menor nos Estados Unidos, exceto na *night school* ou nos *community colleges*. Ou seja, um estudante europeu ou norte-americano tem obrigações discentes bem superiores ao estudante brasileiro. Isso mostra como os quatro anos de bacharelado no Brasil equivalem a muito menos que dois anos de estudos em instituições de ensino superior do primeiro mundo. Por outro ângulo: com apenas 600

---

[10]Informações obtidas a partir dos microdados do Questionário do Provão 2003. Fonte básica: Inep.
[11]Nos cursos diurnos, o volume de estudos não é muito diferente, com hora/aula de 50 minutos, ou quase 17 horas/relógio por semana, o que daria aproximadamente 670 horas aula nos 200 dias letivos.
[12]O ECTS (Credit Transfer System) é uma medida do volume de trabalho para o reconhecimento acadêmico dos cursos realizados em instituições de ensino superior que pertençam aos Estados-membros da União Européia ou aos países que fazem parte do Espaço Econômico Europeu, possibilitando a mobilidade de estudantes entre as instituições de ensino européias sem maiores obstáculos.

horas efetivas de trabalho discente/ano, será preciso aproximadamente dez anos para receber o total de 6.240 horas de trabalho acadêmico discente contidas num bacharelado europeu ou norte-americano de quatro anos.

OPÇÃO PRIVATISTA DE EXPANSÃO DA EDUCAÇÃO SUPERIOR

O terceiro aspecto que merece reflexão, ao lado dos conteúdos curriculares e da carga de trabalho, refere-se à necessidade permanente de um padrão de referência acadêmica de alta qualidade. Nisto, a responsabilidade do setor público adquire grande relevância por conta da decisão brasileira de expandir a educação superior por meio do setor privado.

Ainda que não se possa determinar o momento preciso em que se deu a expansão da educação superior preponderantemente por meio do setor privado, a evidência empírica aponta para a sua materialidade. Desde a década de 1970, o número de alunos matriculados em instituições de ensino superior privadas excedia os 60%, mantendo-se neste patamar, com variações insignificantes, até 1996, quando se inicia um processo de expansão que a aumentou para a casa dos 70% em 2002.[13] O número de instituições de ensino superior privadas manteve-se razoavelmente constante, em torno de 650, entre 1980 e 1997. A partir de 1998, há um forte crescimento, passando-se de 764 para 1.842 em 2004. Já o número de instituições de ensino superior públicas oscila em torno de 200 no período de 1980-2004.

Em termos comparativos, o Brasil apresenta-se como uma espécie de ponto fora da curva em termos do tamanho relativo de seu ensino superior público. Ao contrário dos 20-30% de estudantes matriculados nas IES públicas brasileiras, a média para os países da Organization for Economic Co-operation and Development (OECD) é de 80%. Em outras 13 nações participantes das estatísticas da OECD, a média é

---

[13]MEC/Inep. *Perfil da educação superior.* Brasília: Inep, 2002

de 65%. Brasil, Filipinas, Coréia do Sul, Chile e Japão são países que se desviam dos números internacionais, com aproximadamente 2/3 de seus estudantes matriculados em instituições de ensino superior privadas.[14] A comparação com os Estados Unidos, exemplo da matriz capitalista dos dias de hoje, é cortante: 75% de todos os seus estudantes, cerca de 11 milhões, estão matriculados em instituições públicas; 66% de todos os graduados são egressos das públicas; 75% de todos os títulos de doutor vêm das públicas, bem como 70% de todos os diplomas das áreas técnicas e das engenharias.

DIVERSIDADE INSTITUCIONAL

Outra questão relevante diz respeito à rigidez institucional da educação superior no Brasil. De acordo com a legislação vigente no país, as instituições de ensino superior classificam-se, segundo sua organização acadêmica,[15] em:

- Universidades.
- Centros Universitários.
- Faculdades Integradas.
- Faculdades, Institutos e Escolas Superiores.
- Centros de Educação Tecnológica.

Esta classificação, no entanto, não reflete adequadamente a real situação do sistema de ensino superior, que tende a ser bastante diversificado em termos de suas funções, objetivos, características e estruturas. Embora a classificação legal defina a organização formal da educação superior brasileira, ela não oferece uma taxonomia baseada nas características objetivas do sistema de ensino. Para isso, seria necessário que o processo de classificação das instituições par-

---

[14]OECD. *Education at a Glance*, 2003.
[15]Decreto 3.860, de 09 de julho de 2001, que regulamenta a LDB e trata da classificação do sistema; e os Decretos 2.208, de 17 de abril de 1997, e 2.406, de 27 de novembro de 1997, ambos sobre os centros de educação tecnológica.

tisse de aspectos objetivos da educação superior, tais como as características institucionais das IES, suas estruturas organizacionais, os tipos de graus concedidos, a variedade de cursos disponíveis, os perfis de seu alunado, a qualificação do seu corpo docente, a presença ou ausência de pesquisa, a vocação ou não para a qualificação profissional, os recursos materiais e financeiros disponíveis, além da própria infra-estrutura existente, entre outros aspectos.

A título de comparação, observe-se a taxionomia do sistema universitário norte-americano — gerada por organismos da sociedade e não pelo setor público. A Associação Americana de Professores Universitários (AAUP) utiliza um sistema de cinco categorias, para descrever as universidades e faculdades dos Estados Unidos.

1) Categoria I — instituições de nível de doutorado: instituições que conferem um mínimo de 30 títulos de doutor por ano, em três ou mais disciplinas separadas.
2) Categoria IIA — instituições que oferecem ensino de pós-graduação, mas conferem menos de 30 títulos de doutor por ano.
3) Categoria IIB — bacharelado em geral, instituições com ênfase primária em cursos de graduação, sem ênfase particular na pós-graduação.
4) Categoria III — instituições que conferem 3/4 ou mais de seus títulos na modalidade de graduação curta, de dois anos.
5) Categoria IV — instituições basicamente voltadas para a graduação reduzida.

A Carnegie Foundation trabalha com um sistema dividido em dez categorias, conforme classificação feita em 1994. Atualmente, discute a revisão dos conteúdos, preparando-se para publicar uma nova ordenação em 2005, no centenário da sua fundação. As categorias atuais são as seguintes:

1) Universidades de pesquisa I — oferecem um espectro amplo de cursos de graduação e se comprometem com a pós-graduação por meio de cursos de doutoramento e alta prioridade à pesquisa. Conferem mais de 50 doutoramentos por ano e recebem 40 milhões de dólares ou mais de recursos federais.
2) Universidades de pesquisa II — amplo espectro de cursos de graduação, comprometidas com doutorado e pesquisa, conferem 50 ou mais doutoramentos por ano e recebem entre 15,5 a 40 milhões de dólares de apoio federal por ano.
3) Universidades doutorais I — amplo espectro de cursos de graduação e comprometimento com a pós-graduação por meio de cursos de doutorado. Conferem pelo menos 40 doutoramentos por ano em cinco disciplinas ou mais.
4) Universidades doutorais II — amplo espectro de cursos de graduação e compromisso com cursos de doutorado. Conferem pelo menos dez graus de doutor por ano em três ou mais disciplinas ou pelo menos 20 doutoramentos em uma ou mais disciplinas.
5) Universidades de mestrado e faculdades I — amplo leque de programas de bacharelado e compromisso com a pós-graduação por meio de mestrados. Conferem pelo menos 40 mestrados por ano em três disciplinas ou mais.
6) Universidades de mestrado e faculdades II — leque amplo de bacharelados, compromisso com mestrado, conferindo pelo menos 20 títulos anualmente em uma ou mais disciplinas.
7) Faculdades de bacharelado (*Liberal Arts*) — instituições primariamente voltadas para a educação em nível de bacharelado, conferem pelo menos 40% de seus títulos nas áreas das *Liberal Arts* e são restritivas em seu processo de admissão.
8) Faculdades de bacharelado II — categoria semelhante à anterior, mas que oferecem menos de 40% de seus graus no campo das *Liberal Arts* ou que são menos restritivas no acesso às faculdades.

9) Faculdades de artes — instituições que conferem certificados de *associate of arts* e, com poucas exceções, não oferecem grau de bacharelado.
10) Instituições especializadas — seminários teológicos, escolas médicas, de engenharia e tecnologia, de administração e negócios, de direito, faculdades e universidades tribais.

Outras taxionomias podem e devem ser citadas, para melhor se pensar a pobre classificação brasileira de instituições de ensino superior. Estudo de Dionne e Kean[16] sobre a crise fiscal das universidades recomenda que três tipos de instituição sejam incentivados e reconhecidos, no contexto norte-americano: 1) os *community colleges* destinados à preparação da força de trabalho, treinamento para o trabalho, educação de adultos e *remedial education*; 2) as faculdades estaduais, orientadas para as distintas graduações, assumiriam a responsabilidade pela formação de docentes, sendo os professores destas casas fortemente estimulados a orientar suas pesquisas para as áreas relacionadas ao desenvolvimento regional e à assistência técnica para empresas regionais; e 3) as grandes universidades de pesquisa, com foco no desenvolvimento de pesquisas e na educação para o bacharelado, sendo o investimento federal em pesquisa concentrado nas maiores e melhores universidades e não distribuído amplamente para múltiplos tipos de instituições.

Evidentemente, a taxionomia acima seria útil para o Brasil, já que aqui existem diversas universidades públicas, federais e estaduais indiferenciadas em suas missões, díspares em termos de competências e habilidades, isonômicas, no entanto, no acesso aos benefícios públicos, principalmente aqueles relativos às carreiras docentes e de pesquisa. A crise fiscal exigirá, cedo ou tarde, que à taxionomia de benefícios e direitos se associe outra, de responsabilidade pública do Estado, que possa discernir as reais diferenças entre as institui-

---

[16]Dionne, Joseph e Kean, Thomas. *Breaking the Social Contract: the Fiscal Crisis in Higher Education*. Nova York, 1997. [Relatório da Comissão sobre Investimento Nacional em Educação Superior, Council for Aid to Education.]

ções públicas e venha a concentrar esforços orçamentários naquelas em que o retorno seja particularmente alto.

Finalmente, cabe mencionar taxionomia que sugere que se deixe ao mercado a classificação das instituições de ensino superior. Conforme relata James Duderstadt,[17] existiriam, talvez, três conjuntos distintos de entidades de terceiro grau: 1) *brand-name universities*, instituições altamente seletivas, de alto *status*, alto custo, oferecendo educação presencial para o grupo etário pertinente (exemplo: Harvard, Berkeley e outras); 2) instituições provedoras de educação de massa, matriculando a maioria dos estudantes em programas de baixo custo, mas relativamente tradicionais (universidades locais e regionais e *community colleges*); e 3) instituições de conveniência, oferecendo amplo espectro de serviços educacionais em instituições custo-eficientes, com foco no consumidor/cliente (exemplo: Universidade de Phoenix).

O Brasil apresenta uma espécie de "taxionomia conjuntural" que enrijece o sistema universitário brasileiro. Esta taxionomia foi muito mais um construto com objetivo regulatório do que o produto de uma reflexão sobre a educação superior. Não contém, por isso, nenhuma efetiva análise da educação superior, mas constitui apenas sua separação em "fatias", para os fins dos processos regulatórios. A categorização das instituições de ensino superior, por via de instrumento legal, acabou por exigir que se desse contorno às fronteiras entre um e outro tipo de instituição. O decreto que gerou a categorização não descreveu completamente os tipos de instituições, deixando ao Conselho Nacional de Educação (CNE) essa tarefa.

Mantida rigorosamente a descrição legal sobre o que constitui uma universidade e um centro universitário — apenas para mostrar um pouco a impertinência dessa taxionomia —, quantas, das mais de 160 instituições classificadas como universidades atualmente, poderiam ser de fato consideradas universidades? E o que as separaria dos centros universitários?

---

[17]Duderstadt, James. *A University for the 21st Century*. Ann Arbor: The University of Michigan Press, 2000.

Quanto à primeira questão, além da necessidade empírica de se descrever o sistema de IES, é necessário resgatar o conceito de universidade, respeitando os princípios definidos em lei, até mesmo para que se possam acertar as prioridades de investimentos e as concepções estratégicas sobre a educação superior. A articulação de ensino, pesquisa e extensão em instituições de excelência que, segundo a legislação deve caracterizar o ensino ministrado nas universidades, é dispendiosa.[18] Requer concentração de recursos materiais e humanos e não dispersão como vem sendo sugerido pelo grande número de universidades, que seriam obrigadas a fazer atividades de pesquisa.

Quanto à segunda questão, se para as universidades, existe definição legal, atribuições e direitos definidos por lei, os centros universitários são seres infralegais, criados pelo Decreto nº 2.306 e pela Portaria MEC nº 2.041, de outubro de 1997. Aos centros não se prescreveu a atividade de pesquisa, na acepção que a palavra tem no meio acadêmico e científico, bem como não se lhes requer a pós-graduação *stricto sensu*. Determina-se, porém, que aos centros compete, entre outras obrigações, ensinar "as atividades integradas de pesquisa discente".[19]

É necessário observar que o princípio da indissociabilidade entre ensino, pesquisa e extensão foi redefinido no momento em que a Portaria nº 2.041 desenhou a figura dos centros universitários, e determinou que deles se exigissem atividades integradas de pesquisa discente. Em verdade, não haveria por que e como substituir a concepção precisa original por uma noção derivada, adjetivada por meio de fraseologia imprecisa e, possivelmente, vazia de sentido.

---

[18] De acordo com a LDB, "as universidades caracterizam-se por serem instituições pluridisciplinares de formação dos quadros profissionais de nível superior, de pesquisa, de extensão e de domínio e cultivo do saber humano. Devem possuir: (1) produção intelectual institucionalizada mediante o estudo sistemático dos temas e problemas relevantes, tanto do ponto de vista científico e cultural, quanto regional e nacional; (2) um terço do corpo docente, pelo menos, com titulação acadêmica de mestrado e doutorado; (3) um terço do corpo docente em regime de tempo integral." (Lei 9.340/96; art. 52). O Decreto 3.860/01 afirma ainda que as universidades são instituições de excelência que articulam ensino, pesquisa e extensão de maneira indissociável.
[19] Inciso III, do artigo 1º, da Portaria MEC nº 2.041, de 22 de outubro de 1997, que mais não especificou o que seriam as atividades integradas de pesquisa discente. Esta inovação taxionômica, embora atenda aos requisitos de expansão do ensino superior no Brasil, nada acrescenta à discussão sobre a educação superior.

Não obstante, assim se fez. E, ao fazê-lo, criaram-se questões relevantes sobre a fronteira entre universidades e centros, marcada pela linha abstrata que separa as "atividades integradas de pesquisa discente" da pesquisa indissociada do ensino.

Três destas questões são particularmente instigantes. Primeira: quanta "atividade integrada" de pesquisa discente é necessária para que se mantenha o *status* de "centro universitário"? Segunda: como se definir precisamente o que seja atividade integrada de pesquisa discente, para que se possa adequadamente separá-la das atividades própria e classicamente conhecidas como pesquisa, as quais são requeridas às universidades? Terceira: supondo-se o sucesso das empreitadas anteriores, quanta atividade de pesquisa e pós-graduação é necessária para que se mantenha o *status* de universidade, sem que seja confundido com o de "centro universitário"?

Ainda que as questões possam parecer banais e irrelevantes, a resposta a elas passou a ser fundamental no momento em que se confundiu taxionomia com prescrição de política pública. Ao se classificar as instituições de ensino superior por meio de conteúdos prescritivos de política pública, substituiu-se a observação taxionômica pela imputação de objetivos teleológicos ao objeto classificado. Passa, então, a realidade a ter que correr atrás do conceito que lhe deu vida e que, ao mesmo tempo, cobra-lhe deveres.

MARCO REGULATÓRIO DA EDUCAÇÃO SUPERIOR PRIVATIZADA

Discute-se hoje tanto a reforma universitária quanto o estabelecimento de um sistema brasileiro de educação superior, bem como a instituição de um marco regulatório para o setor. Estão engajados neste debate o Executivo, o Legislativo e a sociedade. A despeito das dificuldades simbólicas, talvez ideológicas, da adoção explícita de tal perspectiva, até mesmo por suas implicações estratégicas e internacionais (tendo em vista a discussão sobre a educação como um serviço de mercado internacional), é preciso admitir a importância da iniciativa privada, a fim de melhor formular argumentos conducentes à constituição de um marco regulatório adequado para a educação superior no Brasil.

Em que pesem tais dificuldades, o atual governo já endossou esta perspectiva, ou seja, valeu-se de justificativas de mercado, ao fazer uso de argumentos relativos à equalização de custos entre universidades privadas e centros universitários, para decretar o eventual fim dos centros que não se transformarem em universidades até 2007. Em suma, tanto a realidade quanto o discurso de governo perfilham a conclusão de que a educação superior repousa em um robusto componente de mercado. Admite-se, inclusive, senão se incentiva, que as novas instituições de ensino privado se constituam como sociedades mercantis, não mais como entidades sem fins lucrativos, muitas vezes aspirantes a problemáticos certificados de filantropia. E quais as conseqüências disso?

Primeiro, é preciso definir um marco regulatório legal para a educação superior, tal como se fez, ainda que de forma fragmentada, para outros setores da economia. A distinção essencial, contudo, é que, à diferença das áreas privatizadas, a educação não é uma concessão pública, exatamente por ser livre à iniciativa privada.

Segundo, o marco regulatório que se votará, visto que deve ser lei, precisará contemplar a regulação da competição por via de órgãos típicos da área econômica, de modo a proteger as instituições da competição predatória, de eventuais *dumpings*, incentivar a competição por eficiência, qualidade e preço, bem como viabilizar, o que parece inevitável no futuro, a fusão e absorção de umas instituições pelas outras, assim como a possível existência de firmas educacionais de escopo nacional.

Terceiro, as bases da chamada "lei do calote" precisarão ser revista. Essa lei imputa custos extra-mercado às entidades que, cada vez mais, são de natureza puramente mercantil, fazendo com que tal lei constitua, ela mesma, uma contradição lógica à natureza deste enorme setor econômico, criado ao abrigo do incentivo de políticas públicas.

Quarto, o sistema de avaliação das IES precisará ser fortalecido, inclusive por departamentos da área econômica do governo, de modo a abranger dimensões relativas a custos, qualidade, direitos, deveres e compromissos.

Quinto, será inevitável, em algum tempo futuro, tomar decisão sobre o fluxo e a repartição do volume de financiamento do setor público da educação superior, permitindo-se a existência de diversificação do sistema (como argumentado anteriormente) e admitindo-se o financiamento competitivo, intensivo e diferenciado das IES públicas por meio de mérito e qualidade, o que resultará em quebra de vários princípios de isonomia e isomorfismo hoje existentes.

Sexto, será fundamental que se preste maior atenção ao sistema público de educação superior, como referência de ensino e pesquisa, visto que é simplesmente impossível garantir a viabilidade e a plausibilidade da escolha de expansão via setor privado se não se constitui um marco de referência robusto, cuja constituição depende exclusivamente do setor público, como obrigação irrecusável e imperativa.

A OPÇÃO PRIVATISTA E A IMPERATIVA SALVAÇÃO PELO PÚBLICO

A admissão de que a empreitada da educação superior é também uma questão de mercado, com conseqüências regulatórias pertinentes sobre o setor privado, exigirá, como argumentado acima, a contrapartida de que se preste atenção estratégica ao setor público universitário. Isso porque o mercado é mau alocador de prioridades e valores imateriais e intangíveis, movendo-se em função de custos e oportunidades de ganho. Sendo assim, não se deve esperar que o mercado educacional responda adequadamente à estruturação de um sistema de ensino e pesquisa de qualidade exemplar, que venha a servir de referência nacional, tanto pelos enormes custos envolvidos quanto pela lógica mesma da competição por estudantes, recursos e resultados materiais e financeiros.

Exatamente por isso, o setor público, por meio das instituições de ensino superior que mantêm, precisará garantir a referência de qualidade, o parâmetro pelo qual será possível medir a qualidade da vida acadêmica e científica, referenciado, ademais, por padrões de qualidade internacionais.

Ou seja, referência acadêmica é matéria de Estado, não do mercado, por ser, em última instância, uma questão da sociedade. No momento, a discussão não permite vislumbrar claramente os desafios e as oportunidades trazidos pela decisão passada de expandir o ensino superior via setor privado.[20]

O DESAFIO DA EXPANSÃO DA EDUCAÇÃO SUPERIOR NO BRASIL

Ao lado das reflexões acima sobre o estabelecimento no Brasil de uma educação superior de qualidade, capaz de conferir formação genérica — própria de uma sociedade do conhecimento —, e ao mesmo tempo preparada para fornecer aos estudantes as habilidades básicas necessárias para um mercado de trabalho complexo e rotativo como o atual, tem-se um desafio a ser superado: a expansão de uma educação superior elitizada como a brasileira.[21] Como alcançar a universalização da educação superior e ao mesmo tempo manter a qualidade do ensino diante das restrições da estrutura social e da matriz profissionalizante que caracteriza a graduação brasileira é um desafio que deverá ser enfrentado no país.

Um ensino superior extremamente elitizado exige expansão mais igualitária, mas os próprios limites de expansão, igualitária ou não,

---

[20]Nesse aspecto, a coisa se complica no momento em que se fala de inclusão, cotas, cursos noturnos nas federais, desmesurado aumento de vagas. Moralmente, ninguém pode ser contra as ações afirmativas. A política de inclusão, contudo, não pode nem deve sacrificar a missão imperativa que foi, ainda que contraditória possa parecer a circunstância, imposta à universidade pública, a de servir de referência.

[21]Dados do MEC de 2001 mostram o quanto a educação superior brasileira é elitizada. Naquele ano, os estudantes do ensino superior apresentavam uma renda mensal familiar em torno de três mil reais. A população entre 18 e 24 anos que cursava o ensino superior tinha uma renda mais alta que a média, de quase R$ 3.200, e os estudantes com idade acima de 24 anos tinham uma renda de aproximadamente R$ 2.800, menor do que a média. Todas essas três faixas de renda dos estudantes do ensino superior (a média total, a média daqueles na idade certa e a média daqueles fora da idade) eram maiores do que a renda média dos jovens entre 18 e 24 anos que estavam fora da educação superior. Observe-se, ainda, que 70% dos estudantes do ensino superior no Brasil tinham uma renda familiar acima de oito salários mínimos e apenas 30% daqueles que não estavam no ensino superior possuíam uma renda superior a oito salários mínimos. Dados elaborados pelo Observatório Universitário (Databrasil — Ensino e Pesquisa/Ucam), a partir dos dados básicos do IBGE, Censo Demográfico 2000.

parecem estar próximos. O que nos traz de volta ao Estado, à urgência de políticas públicas que enfrentem a imperiosa necessidade de financiamento às famílias. A alta idade média de estudantes e concluintes indica que a expansão beneficiou-se de demanda reprimida, tendo sucesso apenas moderado em trazer aos estudos a coorte na idade adequada.[22]

Apesar de elitizado, o contingente universitário brasileiro é composto, como visto, por alunos que trabalham durante o curso e estudam à noite. Mais velhos os estudantes, maior a percentagem daqueles que trabalham de dia e que estudam à noite. A vastíssima maioria não recebeu nenhum tipo de financiamento. O contigente feminino avoluma-se, independentemente da faixa etária. Os alunos de mestrado e doutorado, praticamente todos, pertencem aos estratos mais ricos da população. A pós-graduação que conduz ao diploma é território exclusivo dos estratos mais ricos, concentrando no último quinto de renda cerca de 70% de todos os alunos de mestrado e doutorado, impondo, portanto, adicional e robusto filtro elitizante.

Em geral, os estudantes consideram que a universidade, na qual a grande maioria procurou o diploma profissional, poderia lhes ter exigido mais. Embora alta percentagem de egressos manifeste desejo de ingressar em cursos de mestrado e doutorado, a cláusula descrita no parágrafo anterior permanece como inquietante realidade.

Não se pode admitir que seja possível construir sistema de alta qualidade enquanto 70% dos estudantes trabalharem durante o curso inteiro, enquanto 75% freqüentarem a escola noturna, igual proporção desconheça qualquer tipo de financiamento e a essência do ensino universitário seja estritamente profissionalizante.

Embora elitizado em suas características socioeconômicas, tendo o setor privado sido capaz de receber proporção maior de elite, o ensino superior brasileiro mais se parece, educacionalmente, por conta

---

[22] A demanda reprimida é grande. Cerca de 16 milhões de brasileiros entre 18 e 49 anos completaram 11 anos de estudo, segundo a Pnad 2002, constituindo eventual público adicional sobre o ensino superior.

de seus objetivos e características essenciais, com os *community colleges*, que são faculdades essencialmente não elitistas, de dois anos, destinadas ao adestramento ocupacional dos estudantes, caracterizadas por muitos cursos noturnos, de dedicação parcial, ensino essencialmente profissionalizante. No nosso caso, *community colleges* perdulários, de quatro anos.

Este livro foi impresso nas oficinas da
DISTRIBUIDORA RECORD DE SERVIÇOS DE IMPRENSA S.A.
Rua Argentina, 171 – Rio de Janeiro, RJ
para a
EDITORA JOSÉ OLYMPIO LTDA.
em novembro de 2004

*

72º aniversário desta Casa de livros, fundada em 29.11.1931